崇神天皇の皇居「瑞籬宮」（神社を併設した宮殿）の想像復元図

日本の黎明《あけぼの》

古代天皇誕生記

—こうして天皇の国は生まれた

目　次

序　章

古代、奈良盆地南東部で起こった大事変　3
聖地「纒向」で起こった国譲り　6

第1章　建物群の時代

神社を併設した崇神天皇の宮殿　13
天照大神が祀られた跡地　19
新嘗祭と「冬至と日の出」　22
ニギハヤヒの笠縫と神浅茅原の笠縫邑　29
薦の神霊力と磯城氏と水の都　35
第2代から第9代天皇の国譲り　40

ヤマトの礎を築いた第2代～第9代天皇　43
蘇る崇神天皇の瑞籬宮　47

第2章　祭祀土坑の時代

祭祀土坑と井戸祭祀　59
岡山・島根・鳥取の桃の種祭祀　63
地的宗儀の祭祀土坑と種々の供物　68
木製仮面と修正鬼会　73
修正会と猿楽と来訪神　75
卑弥呼の鬼道と祭祀の国譲り　80
天つ神と国つ神のご神体　84
ヤマトの葦原国と西からの新興勢力　87

第3章　『古事記・日本書紀』再考

ヤマトの出来事を神話化した『記紀』神代　97

『古事記』の葦原の中つ国　104
『日本書紀』の葦原の中つ国　110

第4章　銅鐸考

銅鐸埋納の意味　115
銅鐸の使用方法　118
銅鐸の原形　121

第5章　前方後円墳の時代へ

規格化された前方後円墳の誕生　129
伊都国王墓と前方後円墳の源流　136
卑弥呼時代の前後に起こったニギハヤヒの侵攻　142
見せる銅鐸と魅せる唐古・鍵遺跡　155
建物群の時代と見えてきた歴史　166
神武の勢力への統治権の移譲　171

終章

神武の勢力と神仙思想と太陽神信仰　177
神社のシャーマニズムとアニミズム　183
卑弥呼の墓と女王国　187
女王国から邪馬台国そして天皇国家誕生　198
卑弥呼と宇佐神宮と神武の東征　206

巻末

高句麗の建国神話と日本の建国神話　213
参考文献　222
あとがき　225
卑弥呼元女王からのメッセージ　230

序章

九州を出発した神武天皇の軍船は安芸国《あきのくに》の多祁理宮《たけりのみや》で７年、吉備国《きびのくに》の高島宮《たかしまのみや》で８年過ごしたのち、浪速国《なにわのくに》の白肩津《しらかたのつ》でナガスネヒコの軍勢と戦い、神武の兄の彦五瀬命《ひこいつせのみこと》は矢に当たって負傷しました。彦五瀬命の助言で神武の一行は、海岸に沿って南へと迂回《うかい》し、太陽を背にして熊野から上陸し、ヤマトをめざしました。

古代、奈良盆地南東部で起こった大事変

弥生時代の終末期に奈良県の奈良盆地の南東部で大事変が起こりました。それまでその地の人々は稲作農耕生活を送りながら、八百万《やおろず》の神々に感謝し、四季折々の暮らしを営んでいました。かれらは湿地の平原に生い茂る葦《あし》や薦《こも》などの禾本科《かほんか》の植物を特別視し、そのような場所を祭場と定めて、湧水地や掘れば湧水が出る場所で祭祀《マツリ》を営んでいました。

北部九州から侵攻してきた二つの勢力は、製鉄の新技術をはじめ、様々な新時代の技術と文化を持っていました。かれらは武器も使用しましたが、先住の人達の娘と結婚をして、家族関係を結び、先住の人達の信仰を自分達の信仰と同等に尊崇することで、その地で支配的な地位を築きました。結果的に新時代の技術と文化は、その地に豊かな暮らしをもたらしました。

実在性が希薄と見られる第2代から第9代の天皇の時代ののちに、天皇に即位し

た第10代崇神《すじん》天皇の時代のことです。その地で天皇を頂点とする日本の国家体制や国家制度や天照大神《あまてらすおおみかみ》を国家神とする神道の基本原理や神社社殿の配置や天皇の正殿《しょうでん》などの原形が、そして第50代桓武《かんむ》天皇が都を京都に遷すまでの数百年間、奈良の地が政治・経済・文化の中心となる基礎が形作られました。この時代にその地には規格化された前方後円墳が築造されました。その墳墓は、北部九州の墳墓内部の構成及び宗教観と、弥生時代にその地に影響を及ぼしていた出雲《いずも》や吉備《きび》の墳墓造りの技術及び宗教観を結合させて、新しい時代の墳墓として創作されたものでした。前方後円墳について「第4章　前方後円墳の時代へ」で解説しています。この事変がなかったとしたら、ヤマト王権も飛鳥時代も奈良時代もなく、日本はまったく違った歴史を歩んだことでしょう。

事変とは饒速日命《にぎはやひのみこと》の勢力の畿内への侵攻(大規模な侵攻が二度あったと想定。「卑弥呼時代の前後に起こったニギハヤヒの侵攻」で解説)と神武天皇の東征によって引き起こされた先住者からの「国譲り」のことです。

およそ1700年の時を経た2009年、その地から大型建物と建物群の跡が見

纏向遺跡全景

つかりました。続いて祭祀土坑からは木製仮面や多量の桃の種が見つかりました。そのたびに「卑弥呼時代最大の建物跡」「大型建物は卑弥呼の宮殿か」「邪馬台国の中枢か」「多量の桃の種は卑弥呼が鬼道に使ったものか」と、卑弥呼や邪馬台国と関連づけて、大きく報道されました。

２０１８年、放射性炭素を使った年代測定の結果、桃の種の年代が卑弥呼の時代と重なることが判明しました。桜井市纏向学研究センターの寺澤薫所長の発言として「魏志倭人伝の記述にある卑弥呼の時代と重なり、纏向遺跡について考えるうえで重要な資料だ」と某新聞は報じました。これらの報道により、一般の人は「卑弥呼の宮殿のあった纒向」と意識のなかに残るようになりました。実際はどうだったのか、本書で詳しく解説しました。邪馬台国九州説と邪馬台国畿内説の両論者ともにご賛同頂け、長く続く論争に終止符を打つことが出来ると確信します。

聖地「纒向」で起こった国譲り

纒向遺跡は、奈良県桜井市の三輪山の北西麓一帯にある弥生時代末期から古墳時代前期にかけての遺跡で、東側の三輪山《みわやま》・巻向山《まきむくやま》・穴師山《あなしやま》などから西側の奈良盆地へと流れる河川から出来た扇状地上に形成されています。その広さは約3平方キロメートル。楕円形をした遺跡には、墳丘長278メートルの大型前方後円墳の箸墓古墳《はしはかこふん》などの最初期の前方後円墳が6基、それに不整形な円の祭祀土坑が約150基分布しています。建物群跡や祭祀土坑が発見された一帯は、大河川に挟まれた微高地の低地で、遺跡からは弥生時代の集落も、また環濠《かんごう》も確認されていないのは、この地域全体が霊域的で、いわば宗教上の「聖地」だったからです。

遺跡の名称は旧磯城郡《しきぐん》纏向村に由来し、纏向の村名は第11代垂仁《すいにん》天皇の珠城宮《たまきのみや》と第12代景行《けいこう》天皇の日代宮《ひしろのみや》が置かれた纏向より名づけられたものです。

本書は、日本人のだれもが初体験する卑弥呼の時代から纏向で天皇を頂点とする日本の国家体制の原形が創られるまでの、歴史を逆コースでたどる『古代天皇誕生記』です。

第1章と第2章では、『古事記』『日本書紀』(以後『記紀』)と桜井市教育委員会発行の現地説明会資料や発掘調査報告書などの資料を重要参考資料として、古代祭祀の視点で、祭祀土坑が営まれていた時代の祭祀の姿と大型建物を含む建物群が存在していた時代の祭祀の姿を解明しました。不幸にも、土器の編年については研究者によって大きく、およそ100年の幅で異なっています。本書では、土器の編年を決定的な資料とはせずに、祭祀からの視点をより重要視しました。その成果として、纏向の地が日本の中心になり始めた時代の歴史が明瞭に見えてもきました。

その解明の過程で、予期せぬ発見がありました。それは『古事記』の「国譲り」

に出てくる「葦原の中つ国」は、ヤマトを指しているということでした。

崇神天皇の時代に天照大神を拝むように天神地祇を祀る社《やしろ》が置かれた意味と、神武天皇と崇神天皇の間の、実在性が希薄と見られている第2代から第9代までの歴代天皇の記録から浮かび上がってくる意味、それらは形を変えた「国譲り」であることを発見し、『出雲国風土記《いずものくにふどき》』など出雲関連の資料を参考にして、『古事記』の訳文と原文を読み比べて精査した結果、出雲の影響下にある葦原国が複数（ヤマトもその一つ）存在し、結果的に弥生時代終末期、出雲勢力下の「ヤマトの地」を支配した天皇家が「葦原国の中心の国」となったヤマトを「葦原の中つ国」（原文は葦原中國）と名付けて、『古事記』に使用したことが判明しました。そう解釈することで、より正確に『古事記』を読み解くことが出来ます。詳しくは「『古事記』の葦原の中つ国」で解説しています。

終章では、『魏志倭人伝』が「地理と現代社会」と「歴史」とに分けて書かれていることを発見し、天皇家の宗教観から卑弥呼の女王国と邪馬台国の場所を特定し、卑弥呼の墓を推定しました。

解明の過程をわかりやすくするために、文献資料・発掘資料や研究者の論説などを提示し丁寧な解説に務めました。提示した資料や論説は、記憶されるべき文化遺産として重要なものばかりです。まずはなぜ纒向遺跡の建物群は東西に並んで建てられたのか。それらの建物群は誰の何の建物なのか。そしてなぜそのような建物が建てられたのか。その謎から謎解きを開始します。古代人になった気持ちでお読み下さい。

「ヤマト」と「天皇《てんのう》」の表記について。

「大和《やまと》」は8世紀後半になってから使われだす地域の表記ですので、本書では「ヤマト」と表記することにしました。また初代神武帝《じんむてい》から第40代天武帝《てんむてい》まで、帝《みかど》は「大王《おおきみ》」と呼ばれましたが、本書では慣行に従って「天皇」の呼称を使いました。

第1章

建物群の時代

崇神《すじん》天皇の時代、疫病が広まりました。大物主大神《おおものぬしのおおかみ》の神託を受けて、大田々根子《おおたたねこ》にその神を祀らせると、疫病は鎮まりました。その昔、活《いく》玉依媛《たまよりひめ》は夜ごと訪れる立派な男と恋に落ち、身ごもりました。活玉依媛はその男の正体を知りたくて、男の着物に巻いた糸の付いた針を刺しておきました。糸は三輪山の神の社まで続いていて、男が大物主大神であることがわかりました。大田田根子について『日本書紀』は、父は大物主大神で母は活玉依媛と、『古事記』は、大物主大神と活玉依媛の間に生まれた櫛御方命《くしみかたのみこと》のひ孫と伝えています。

神社を併設した崇神天皇の宮殿

２００９年、纏向遺跡で大型建物を含む建物群跡が発見されました。大型建物の「卑弥呼の宮殿」説はさておき、研究者により、崇神天皇の宮跡ではないか、纏向に都を置いた第10代崇神・第11代垂仁・第12代景行の歴代天皇と関係のある遺構ではないか、あるいは飛鳥時代以前の大王《おおきみ》や天皇の宮となる原形ではないかなどと指摘されながらも、そのことについて深

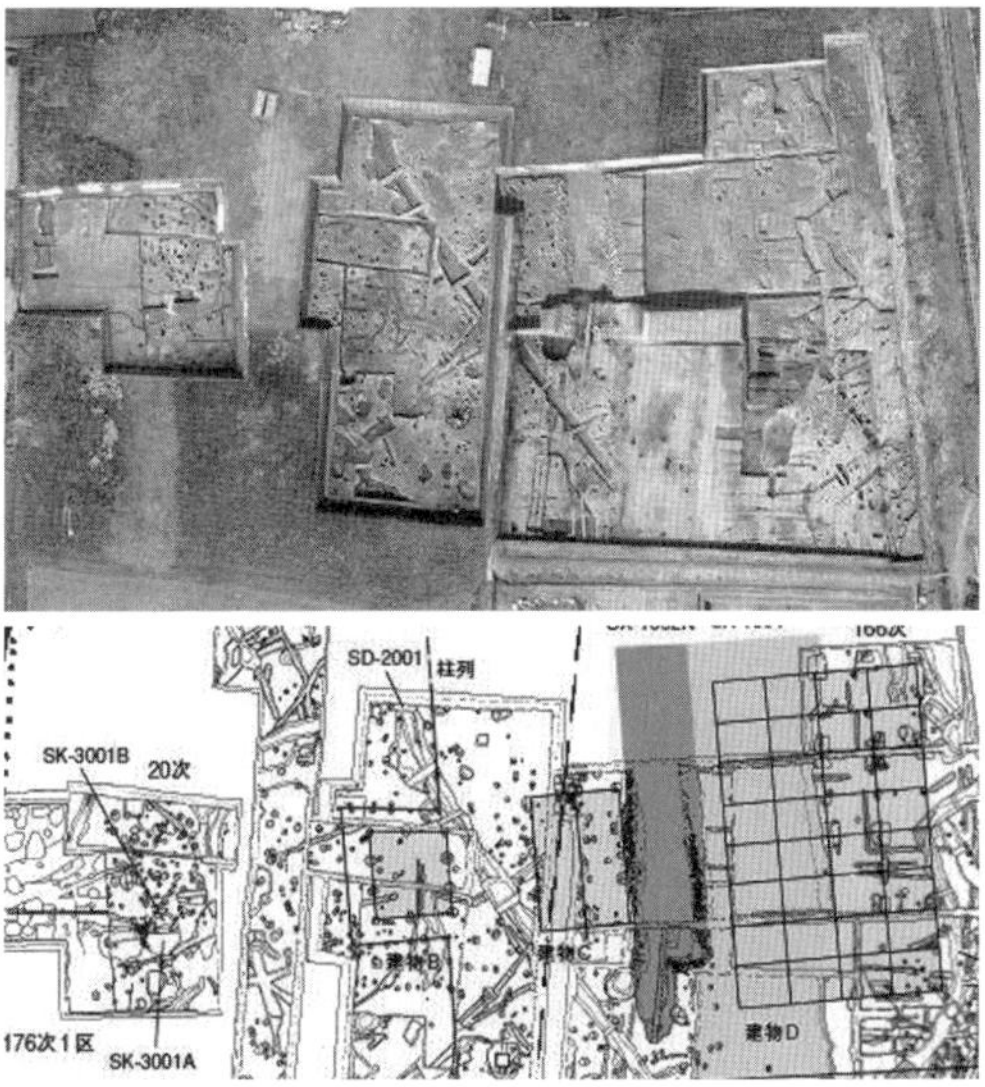

纏向遺跡の建物群跡

く議論されることも、考察されることもありませんでした。

その最大の理由は発掘調査に当たった桜井市教育委員会により「**3世紀中頃を含めてそれ以前と考えられる**」（平成21年11月14・15日付け『纒向遺跡第166次現地調査説明会資料』）と報告されたことによって、推測された年代である「**3世紀前半**」が、疑いようのない年代として一人歩きし、またたくまに広がり、「3世紀前半の建物」説が既成事実化されたことによるものと思われます。古代史ファンや研究者の関心は建物群のことよりも、もっぱら箸墓古墳など纒向地域の前方後円墳の築造年代についてでした。

この建物群が誰の何の建物かを知ることは、古代史の真実を知る上で重要なポイントとなります。ある人にとっては、これまでの歴史観を変えなければならなくなるやもしれません。

それらの建物が誰の何の建物か、どうして東西一直線に並んで建てられたのか、その謎を解くヒントが『日本書紀』にあります。

『日本書紀』崇神《すじん》天皇七年条に次のような記録があります。

○大田々根子《おおたたねこ》を大物主大神《おおものぬしのおおかみ》を祀る斎主とした。また長尾市を倭の大国魂神《おおくにたまのかみ》を祀る斎主とした。それから他神《あたしかみ》を祀ろうと占うと吉と出た。そこで別に八百万の神々を祀った。よって天社《あまつやしろ》、国社《くにつやしろ》および神地《かむところ》、神戸《かんべ》を定めた。

八百万の神々を祀ったのちに、神々を分けて、天社、つまり天つ神＝天神《てんじん》を祀る社殿と国社、つまり国つ神＝地祇《ちぎ》を祀る社殿を建て、神の祭祀地として神地と祭祀に従事する民戸《みんこ》を定めたことを記しています。『古事記』では「天神地祇の社を定めて祀った」と記されています。

祭場となった場所は神浅茅原《かむあさじがはら》というところです。

この『日本書紀』の記録から、纒向遺跡の建物Bが天つ神と国つ神の二柱を祀った本殿（神殿）で、建物Cが拝殿ではないか？「神地を定めた」とは建物群の周辺で見つかった神域を囲った柵のことではないか？ そして大型建物Dは崇神天皇の宮殿ではないか？

そう考えて、あるとき建物群跡図と建物群復元図を見ると、『日本書紀』の記録からわたしが頭に描いた復元図とぴったり一致したのです。そしてわたしが復元した建物群は、東西一直線に並んで建てられた「神社を併設した宮殿」でした。しかも神池《かみいけ》付きで。

不思議なことがあります。例えば全国の住吉神社の始源の神社とされる福岡の住吉神社も、住吉神社の総本社の住吉大社も、本殿は一番東に位置していて、参拝者は日の出ずる東を向いて参拝します。伊勢神宮の内宮《ないくう》も外宮《げくう》も正殿は北に位置していて、参拝者は北を向いて参拝します。飛鳥時代の宮殿も平城京も建物は南北配置になっていて、朝廷の正殿である大極殿《だいごくでん》が一番北にあって、不動の北極星を背にする「天子南面す」の配置になっています。これは天皇を北に仰ぎ見る配置です。ところが纒向遺跡の建物群の配置は建物B（本殿）が一番西で、建物C（拝殿）がその東、そして大型建物D（宮殿）がさらにその東に位置する配置になっていて、本殿の参拝者は西を向いて参拝し、宮殿は本殿を背にする「天子東面す」に見える配置になっているのです。これは天皇を西に仰ぎ見る配置です。日の出を拝む配置から想定される太陽神信仰の配置とは逆の配置なのです。なぜでしょうか？
冒頭の記録の前年の『日本書紀』崇神天皇六年条に次のような記録があります。

○天照大神と倭の大国魂神の二神を天皇の御殿の内にお祀りした。ところがその神の勢いを畏れ、共に住むには不安があった。そこで天照大神を豊鍬入姫命《とよすきいりびめのみこと》に託し、大和の笠縫邑《かさぬいのむら》に祀った。よって磯堅城《しかたき》の神籬《ひもろぎ》を立てた。

『日本書紀』は、笠縫邑という地に天照大神を祀り、「磯堅城の神籬」を立てたと伝えています。

「磯堅城の神籬」の「磯堅城」は「磯城」の文字の中心に、霊石を想起させる「堅固な」や「丈夫な」を意味する「堅」を置くことによって、天照大神を祀る神籬の場所が「磯城」という地の中心、国の中心という意味合いを込めた造語と見られ、その発想力に古代人の知恵が垣間見られます。

もし天照大神を祀ったという「磯堅城の神籬」が建物群の東西の中軸線上の西側にあったとしたら、皇祖神である天照大神を西側に仰ぎ見て、建物Ｂ（本殿）・建物Ｃ（拝殿）・大型建物Ｄ（宮殿）が西から東に一列に並ぶ配置もあり得るのではないか？　仏教が伝来する以前、これが唯一、理に適うであろう理由という訳で、その仮説を立証すべく話を進めたいと思います。

「磯堅城の神籬」とはどんなものでしょうか？

第10代崇神天皇の次の第11代垂仁《すいにん》天皇の時代に、倭姫命《やまとひめのみこと》が天照大神を伊勢に祀ったときのことを『倭姫命世紀《やまとひめのみことせいき》』は「大石と小石を広げ、斎柱を立て（一名天御柱、一名心御柱）、そして宮柱を敷地に立てて、天照大神を祀った」（要訳）と伝えています。「磯堅城の神籬」とは、石を敷いて、その中心に斎柱（心《しん》の御柱《みはしら》）を立てて造った神殿と考えられます。

今日の伊勢神宮内宮・外宮の正殿の心の御柱は、天平瓦800枚を地中に埋めたその上に、素木《しらき》の丸柱を半分埋めた形で立て、床まで達した心の御柱の直上に天照大神のご神体の八咫鏡《やたのかがみ》を納めた船形の木の箱が設置されていると伝え聞きます。

建物群跡が発見されたとき、建物Bのさらに西側に建物Aが想定されていました。多数の柱穴が認められながらも、想定可能な場所に柱穴が確認されず、あとになって、建物Aはなかったものと訂正されました。そして訂正されたのと同じ頃に、その建物Aの南に石群が見つかりました。その位置はほぼ東西の中軸線上にあります。『纒向遺跡発掘調査概要報告書トリイノ前地区における発掘調査』では、井戸と報告されています。

この石群は「大石と小石を広げ」を思い起こさせると同時に、元々は丸く敷き詰められていたと見られる石群は、石に神霊が宿ると強く信じられていた古代であれば、この遺跡跡が何らかの祭場であったことを物語っています。建物群の並びから推理して、それが天照大神が宿る斎柱(心の御柱)だったのではないか、そして「磯堅城の神籬」の場所は、この場所だったのではないかと想定したくなります。

天照大神が祀られた跡地

『纒向遺跡発掘調査概要報告書』には次のように報告されています。

○井戸（SK-3001A）は裏込め部分を含めた直径が約2m、埋土上部は井戸枠の抜き取りに伴う撹乱を受けていたが、縦板を用いた井戸枠があったようで一部が残存していた。残された井戸枠および抜き取り穴から推定される井戸枠の形は方形のもので、規模は最大で一辺約80㎝、底面は湧水点に達しており、深さは90㎝を測る。また、この井戸の西側には幅1m程度の細い溝が接続し、溝の底には10㎝前後の礫《れき》が多量に詰められていたが……

井戸は弥生時代も古墳時代も、そして飛鳥時代も素掘りの井戸が主体で、藤原京(694年~710年)や平城京(710年~784年)の都では、例外的に井戸枠付きの井戸が一般的になりますが、井戸枠を設置した井戸が増えるのは、奈良時代になってからのことです。『報告書』に書かれた「多量に詰められた10センチ前後の礫」というのは、溝に敷かれたものではなく、古代の井戸にしばしば見られるように、井戸の周辺に敷き詰められた敷石と見ています。纒向遺跡の方形の井戸枠付きの井戸は、当時としては革新的な井戸だったと言えるでしょう。

『発掘調査概要報告書』には続きがあります。

○なお、この調査区からは井戸(SK-3001A)に切られる形でもう1基井戸(SK-3001B)の存在が確認されているが、遺構の大半が先の井戸(SK-3001

A）に削平を受けており、検出状況からは同じ場所に井戸を掘り直したかのような様子を呈している。

天照大神の斎柱の可能性のある井戸跡

　このもう一基の井戸跡が天照大神の斎柱（心の御柱）だった可能性があります。遷宮で斎柱を撤去したあと、その場所に霊水を汲む井戸を造ったのではないでしょうか。井戸の周りの石群は、斎柱の周りに敷き詰めた石群を霊石として再利用して敷き詰めたものではないでしょうか。深さ90センチの井戸からはミニチュア壺や土器片が出土しています。斎柱の下に埋められたものだった可能性が考えられます。

　伊勢神宮では20年に一度、東と西に並ぶ宮地《みやどころ》を改めて、社殿や御装束や神宝をはじめ全てを新しくして、天照大神のご神体を遷す「式年遷宮《しきねんせんぐう》」が行われています。「式年」とは定められ年を、「遷宮」とは宮を遷すことを意味します。「遷宮」は古くなったものを作り替えて常に若々しくして、永遠を保つという「常若《とこわか》」の思想に基づくものです。この制度は約１３００年前、第40代天武天皇の発意により始まり、持統天皇４年（690年）に第１回目が行われ、平成25年には62回目の遷宮が行われました。

『日本書紀』垂仁天皇二十五年条に一説として「倭姫命を依り代として、天照大神を磯城《しき》の厳橿《いつかし》の本に祀った」と記されています。この記録は、天照大神を崇神天皇の時代の「磯堅城の神籬」の場所から垂仁天皇の時代に「磯城の厳橿の本」へと宮を移した、つまり遷宮を行ったと深読み出来ます。この推測が正しければ、「磯堅城の神籬」の場所から「磯城の厳橿の本」の場所への遷宮が、天照大神を祀る宮の第一回目の「遷宮」ということになります。「その後、神のお告げにより、垂仁天皇二十六年十月、伊勢国渡遇宮《わたらいのみや》にお移しした」と『日本書紀』は伝えています。

新嘗祭と「冬至と日の出」

どうして天照大神をこの場所に祀ったのでしょうか？

前述の『日本書紀』崇神天皇七年条の「別に八百万の神々を祀った。よって天社、国社および神地、神戸を定めた」という記録の前文はこうです。
○11月13日、伊香色雄《いかがしこお》に命じて、沢山の平瓮《ひらが》を祭神の供物とさせた。大田々根子《おおたたねこ》を大物主大神《おおものぬしのおおかみ》を祀る斎主とした。
11月13日という日付が重要です。新嘗祭《にいなめさい》はもとは、冬至の日の前後にある陰暦11月下の卯《う》の日、三卯あれば、中の卯の日に行われていました。元皇學館大学名誉教授・住吉大社名誉宮司の真弓常忠《まゆみつねただ》は『神と祭りの世界』（朱鷺書房）で「もっとも太陽の衰えた時刻である。その陽の極まった果てに、忌み籠って夕御饌をきこしめして、日神の霊威を身に体し、子刻（12時）には一旦退出されるが、暁の虎刻（午前4時）再び、神嘉殿《しんかでん》に御され、朝御饌をきこしめされて、一陽来復、復活した太陽＝日神とともに、天皇としての霊威を更新されて、若々しい『日の御子』『日嗣《ひつぎ》の御子』として、この現世に顕現されるものと解されるのである」と、天皇が執り行う新嘗祭について説いています。

新嘗祭についての文献上の初見は『古事記』も『日本書紀』も「天照大神が新嘗

聞こしめすときに御殿に素戔嗚尊《すさのおのみこと》糞をしてまき散らした」の記録です。わたしが考えるこの一文の真の意味は「新年を迎える新嘗祭を行う儀式で、素戔嗚尊は旧年のお祓いをした」となります。

冬至の頃、太陽は東南東から昇り、南の方角へと空を低く移動して行きます。新嘗祭では祭殿である神嘉殿において、日の出の位置する南東の方角を日神（天照大神）の位置とし、天皇は東南の方角を向いて着座するとされています。天つ神と国つ神の社の設置を定めたのは、おそらく新嘗祭の儀式中でのことでしょう。新嘗祭も大嘗祭《だいじょうさい》（天皇の即位後最初の新嘗祭）も新生・再生した日神の霊威を頂く新嘗の儀式の前に、天神地祇を祀る儀式が執り行われています。前述の『日本書紀』には「別に八百万の神々を祀った」と記録されていて、このときから新嘗祭で天神地祇を祀る儀式も執り行われるようになったと見てよいでしょう。

纏向遺跡の建物群跡地の西側付近は立春・立冬は大物主大神が主宰神《しゅさいじん》である三輪山山頂付近、春分・秋分は巻向山頂上付近から日の出が拝める場所でした。第30代敏達《びんたつ》天皇はこの地付近と推定される場所に日祀部《ひまつりべ》を設置したと伝えられています。

立春・立冬に三輪山山頂付近から日が昇るということは、冬至の日も然りということです。事実、建物群跡地から見た三輪山山頂は東南東に位置していて、冬至の頃の日の出の位置と見てよいでしょう。この位置関係は、古代に国家的祭祀が行われていた沖ノ島の岩上祭祀の祭祀跡が、冬至の頃の日の出の位置の東南東の方角を向いていることや、新嘗祭や大嘗祭において天皇は、東南の方角を向いて着座するということなどから、天皇家の祭祀において「冬至と日の出」は、古代から現在に至るまで重要なキーワードとして認識すべきことなのです。そして現在、冬至の日に伊勢神宮の宇治橋前の鳥居の真正面から朝日が顔を出すということがよく知られています。このことも、「冬至と日の出」のキーワードに当てはまるものとして、興味深いものです。

三輪山と伊勢神宮の位置関係についてはどうでしょうか?

三輪山から見て伊勢神宮は、真東より数度程度南寄りの方角に位置しています。東南東より東寄りなのは、伊勢神宮は山頂から見下ろす位置にあることにより生じたものです。つまり地平から山を見上げて拝む日の出の位置と山から地平を見下ろして拝む日の出との位置のズレなのです。三輪山山頂から見て伊勢神宮の辺りから朝日が顔を出すということも「冬至と日の出」のキーワードに当てはまるものなのです。そのキーワードに関連して言えば、纒向とその周辺に出現期の前方後円墳が多いのは、冬至の頃に霊山三輪山から昇る朝日が拝める場所は、天皇家にとって「霊魂の新生と再生」を祈る場所だったからと見ています。それは古代の日本人、特に天皇家は、太陽が衰える冬至の頃を人の死と重ね合わせて考えていたからです。

建物群跡地の西側の地が、天照大神を祀るのに理想の地と定め、その地で新嘗祭が執り行われたと見ています。

○纒向の日代《ひしろ》宮は朝日の日照る宮夕日の日翔《ひかけ》る宮竹の根の根足る宮木の根の根延《ねば》ふ宮やほによしい杵築《きづき》の宮真木《まき》さく檜《ひ》の御門《みかど》新嘗屋《にいなえや》に……（『古事記・雄略天皇』）

《現代語訳》纒向の日代宮は朝日のかがやく宮、夕日の射す宮でございます。竹の根のように根を下ろし、木の根のように根を張った宮でございます。たくさんの土を盛りかため、杵《きね》でついて築いた宮でございます。その檜造《ひのきづく》りの新嘗の神殿に……

この歌は第21代雄略《ゆうりゃく》天皇が宮中で新嘗祭の酒宴を開いたときに、伊勢からやって来た采女《うねめ》が不始末をおかし、お詫びに天皇に捧げた歌ですが、詠まれている舞台は、かつて纏向にあった景行天皇の日代宮で、天照大神がかつて纏向に祀られていたことを前提にして詠まれた歌と考えられます。なぜなら、現在で言えば新春に当たる新嘗祭の酒宴の席で、日嗣の御子である天皇を寿《ことほ》ぐ歌として、より意味を持つからです。

また木偏に午《うま》の杵の文字は、午が十二支の中間にあることから、草木の成長が終わり、衰えを見せ始めた状態を表す文字です。采女は杵という文字に「冬至と日の出↓新嘗祭」の意味を見いだし、そのような霊力を持つ杵で打ち固めて築いた宮(杵築の宮)と詠んだのではないかと見ています。

新嘗の神殿は新嘗の儀式を行う神殿のことで、そこには天照大神が祀られていて然るべきです。その場所は、この歌から纏向にあった第12代景行天皇の宮殿敷地内か、その近くと考えられます。そしてその神殿は伊勢神宮と同じ檜造りだったようです。

天照大神が祀られた神殿（新嘗の神殿）は、現在の神嘉殿が社殿の南面を正面にし、社殿の壁面四面が東西南北を向く造りであることから、それと同じく南面を正面にした神殿と考えられる一方で、冬至の頃に三輪山から昇る日の出を拝む東南東の方角に神殿を向けて建てられたとも考えられます。前者だった場合、神嘉殿で執り行われる新嘗祭が、神嘉殿の中央の天皇の寝座《しんざ》東側に天皇が着座する神座が設けられ、天皇は東南の方角を向いて天照大神を拝する構図と同じと考えれば、天照大神のご神体が祀られた場所は、神殿の東端の中央となります。

建物群の遺跡の西には隣接して天照御魂命《あまてるみたまのみこと》を祭神とする他田坐天照御魂《おさだにますあまてるみたま》神社があります。『神祇宝典《じんぎほうてん》』では、祭神は天照大神之荒魂とされ、『先代旧事本紀《せんだいくじほんぎ》』では、物部氏の祖である饒速日命《にぎはやひのみこと》（以後ニギハヤヒ）とされています。かつてその場所付近に天照大神が鎮座したという痕跡を残すものかもしれません。

建物群跡が見つかった桜井市辻地区は、太田地区と隣り合わせになっています。太田の地名が大物主大神の子とされる大田々根子の伝承由来の地名だとしたら、その伝承力に驚くばかりです。

纒向という地名にはどのような意味があるのでしょうか？

「纒」は纒《まと》う。「向」は日向《ひむか》で朝日が射す場所。「（冬至の頃に三輪山からのぼる）朝日（初日の出）が射す場所で、新生・再生した日神をまとう↓日神を身につける↓日神を宿す」と解釈できます。古代人は纒向の地が「**日神に加護される地**」であることを伝えるべく「纒向」と名付けたのでしょう。言い換えれば、古代人は纒向が「ヤマト最大のパワースポット」であることを「纒向」の二文字で表現したのでしょう。

ニギハヤヒの笠縫と神浅茅原の笠縫邑

『日本書紀』の記録をさかのぼって、崇神天皇の三年条には次のような記録があります。天皇が皇位について二年目の秋の記録です。

○遷都於磯城、是謂瑞籬宮（原文）

都を磯城に移し、都の名が瑞籬宮《みずかきのみや》であることが記されています。『古事記』には、都の名を水垣宮《みずかきのみや》と記されています。

天照大神を祀ったとされる磯城は、崇神天皇が遷都した地とされています。現在磯城とは、奈良盆地の東南部を指す地域の名称で、その範囲は三輪山の西、初瀬川《はつせがわ》流域までの地域です。三輪山山麓に広がる一帯、現在の磯城郡と桜井市、天理市の一部を指しています。

三輪山山麓に広がる一帯の磯城のどこかに崇神天皇の都と天照大神を祀った場所があったことになります。その天照大神を祀った場所を『日本書紀』は「笠縫邑《かさぬいむら》」と伝えています。「笠縫」という邑はどこなのでしょうか?

神武に先行してヤマトに入ったニギハヤヒについて『先代旧事本紀』は、「ニギハヤヒは十種の神宝をもち、三十二人の防衛、五部人、五部造、天物部等二十五部人、船長という多数の随伴者を従えて河内国(大阪府交野市)の河上の地に天降った」と伝えています。ニギハヤヒの船団は河内から大和川《やまとがわ》を上って、ヤマトへと侵攻して行きます。

天磐船の船長ほか最前線で新天地を開拓する役目を持つ職業の持ち主です。

船長跡部首人等の祖
梶取阿刀造等の祖
船子倭鍛師等の祖
笠縫等の祖
曾曾笠縫等の祖
為奈部等の祖

各職業についての詳細は省きますが、船に関連した職業の随伴者が三人（三グループ）、鍛冶に関連した職業の随伴者が二人（二グループ）、そして「笠縫」を職業とする随伴者が二人（二グループ）となっていて、「ニギハヤヒは先陣を切る開拓者として『笠縫』が重要な職業」と見ていたことがわかります。

『出雲国風土記《いずものくにふどき》』によれば、島根県の宍道湖《しんじこ》西端の出雲平野の一部と島根半島西部地域のことを古くは「楯縫《たてぬい》の郡《こおり》」と言ったそうです。その郡名伝承について次のように記されています。

〇大神の宮の御装ひの楯造り始め給ひし所是なり、よりて今に至るまで楯鉾造りて皇神に奉る。故楯縫《たてぬい》と云ふ。
「楯縫」が「楯鉾造り」であるなら、「笠縫」は「笠作り」となり、「笠縫邑」は笠作りが行われていた村であったことでしょう。

建物群跡地の北と南には、東方の山麓で分岐した古墳時代前期、最大幅約100メートルにも及ぶ大きな川が流れていました。そのような地形に加えて、この地域から湧水点に達する祭祀土坑が約150基も見つかっていることから、古代は茅《かや》や葦《あし》や薦《こも》のような禾本科《かほんか》の植物が生い茂りやすい「浅茅原」な地形（茅などが生い茂る湿地の平原）だったことがわかります。

「楯縫の郡」の地域は、八岐大蛇《やまたのおろち》伝説の元になった斐伊川《ひいかわ》（『古事記』では肥河《ひのかわ》）と神《かん》戸川《どがわ》から真砂《まさご》が流下して宍道湖低地帯を埋め立てて形成した三角州平野で、「葦原国」と呼ぶにふさわしい広い原っぱです。天つ神と

枯れて穂の綿毛が開いた状態の茅

国つ神の社を建てた神浅茅原も葦と茅の違いはあるものの、同様に「葦原国」と呼ぶにふさわしい広い湿地の平原だったことでしょう。

「笠作り」がなぜ、開拓船団の一員となるような重要な職業だったのでしょうか？

一つは原っぱに生い茂る茅や葦や薦のような禾本科の植物は、暮らしに必要な物を作る材料だったからです。

職業の名の通り笠の材料のほか、屋根、雨合羽《あまがっぱ》の材料、ムシロや寝床などの敷物や穀物などを収納する俵の材料や田畑の肥料、そして火を起こし炊く燃料にもなりました。また川辺には苧麻《からむし》や久具《くぐ》という植物も群生していたことでしょう。古代、苧麻は衣服、漁網、蚊帳、縄、楽器の絃などの材料になりました。久具は船の帆の材料に使われたと考えられています。

禾本科の植物の根には褐鉄鉱《かってっこう》のかたまりが生成されます。この自然に出来た褐鉄鉱のかたまりは、振ると音が鳴ることから「鳴石《なりいし》」と、そして地方では鈴石《すずいし》、壺石《つぼいし》、高師小僧《たかしこぞう》などと呼ばれました。禾本科の植物は「すず」とも呼ばれていました。褐鉄鉱のかたまりは自然に出来た音のなる鳴り物で、それが密生した状態が「鈴なり」でした。

褐鉄鉱のかたまりは弥生時代の製鉄に使われました。これを粉砕し、露天タタラに入れて精錬し、スキやクワなどの鉄器を鋳造しました。弥生時代の人々にとって、茅や葦や薦は不思議で有り難い植物だったことでしょう。

その植物を根っこから刈り取ることで、鉄器の原料となる褐鉄鉱も一緒に収穫でき、その塊は振れば、音が鳴り、砕いて利用すれば、質は悪くとも、田畑を耕す鉄製の農器具が造れたのですから、弥生時代の人々がこれら禾本科の植物を神聖視したであろうことは、容易に推し量れることです。出雲の「楯縫の郡」もヤマトの「笠縫邑」も、笠を作り、楯などの鉄製品も造ることの出来る自然条件を有する地域だったことを暗に示しています。

薦の神霊力と磯城氏と水の都

『続日本紀《しょくにほんぎ》』によれば、720年の大隅《おおすみ》・日向隼人《ひゅうがはやと》の反乱の際、八幡宮の宮司・大神《おおが》諸兄《もろえ》が三角池の真薦《まこも》で薦の枕を作り、これを八幡神の御験《みしるし》として輿に納め、禰宜《ねぎ》・辛嶋勝波豆米《からしまのすぐりはつめ》を御杖人《みつえびと》（神様のお告げを聞く人間依り代のこと）として、朝廷軍の将軍・豊前国司・宇努首男人《うののおびとをひと》とともに出征したとされます。薦の枕をご神体とした記述です。薦には根に褐鉄鉱も付着していたのではないかと見ています。

薦を枕にしたものが天皇家の祭祀にあります。坂枕《さかまくら》と言って、頭をのせる部分が斜めになっていることから、「坂枕」と称されていますが、大嘗祭《だいじょうさい》では、坂枕と八重畳《やえだたみ》が天皇の寝座に置かれ、その寝座の東側に天皇が座る畳を置き、その畳の前に薦で作った食薦《すごも》を敷き、天照大神への神膳が供えられます。畳と食薦は冬至の頃の日の出の方角の東南の方角に向いていています。新嘗祭や大嘗祭では、神々への御膳の敷物にも薦が使用されていて、古代から信じられてきた薦の特段の神霊力が、現在も宮中で祭礼の具となって受け継がれています。

砂鉄は「洲処《すか》」として表現されました。その呼称はしか↓鹿、しが↓志賀、しき↓磯城、志木、志貴、すが↓菅などの地名に織り込まれました。磯城県主の磯城氏は、金属工人の一族だったと見られています。磯城の「神浅茅原」にある「笠縫邑」で、製鉄関連の仕事に携わっていたと見られる志貴連《しきのむらじ》は、ニギハヤヒの孫の日子湯支命《ひこゆきのみこと》の後裔《こうえい》とされています。ニギハヤヒの勢力が侵攻してくる以前から「浅茅原」の地は、その地の先住者にとって神宿る「神・浅茅原」の地で、その地を広く祭場として祭祀土坑を営んでいました。ニギハヤヒの勢力や崇神天皇も、「茅」や「葦」を神聖視する宗教観を持ち、活用する術を熟知していました。

天皇家の宗教観に基づくわたしの仮説が正しければ、「笠縫邑」はニギハヤヒの開拓団が「神浅茅原」内か「神浅茅原」を含む地域を開拓した村で、崇神天皇が豊鍬入姫命に託し、天照大神を祀ったとされる「磯堅城の神籬」は、纒向遺跡の建物群の東西中心軸線上の真西に位置し、その場所は冬至の頃に霊山三輪山から昇る朝日が拝める「冬至と日の出」のキーワードに当てはまる場所、それすなわち新嘗祭・

大嘗祭を執り行うのに適した場所だったことになります。そしてその場所を中心とした地域（纒向）は、天皇家の死生観から推察して、死者を神様の国に葬送するのに適した地域（聖地）だったことになります。

柿本人麻呂《かきもとのひとまろ》歌の長反歌《ちょうはんか》（『万葉集』３２５３〜３２５４）に「葦原の瑞穂の国」で始まる長歌の反歌は「磯城島の大和の国」となっていて、「葦原」に「磯城島」が、「瑞穂の国」に「大和の国」が対応して詠まれています。奈良盆地はかつて「磯城」が島のように見える水に恵まれ、葦原が生い茂る地だったことを歌が教えてくれています。崇神天皇は「磯城」はヤマトの地に「豊葦原《とよあしはら》の瑞穂国《みずほのくに》」を建設するのに最良の地と思ったことでしょう。その思いが正しかったことは、現在の奈良盆地に広がる豊かな田園が証明しています。

建物群跡が見つかったのち、大型建物Ｄの東端の柱穴から約36・５メートル離れたところに建物Ｆが見つかっています。宮殿の正門（神門）の可能性があります。建物Ｆは東西の中軸線上に位置することから、建物群と同じ時代の建物と推定されます。その建物Ｆのすぐ東側に南北に通る溝と北側には東西を平行して通る二つの水路があったことが、また建物群跡地の北側と南側には矢板で護岸した幅5メートル、深さ1メートルの巨大水路があったことが発掘調査で確認されています。水路工事の工法について元國學院大學教授の柳田康雄《やなぎだやすお》は、福岡県糸島市の伊都国の運河と同じと述べています。

　このような地形は水害に見舞われやすい地形です。溝は水害防止の治水が最大の目的だったことでしょう。北と南を流れる二つの大きな川がある上に、大きな水路も造られていたことになります。崇神天皇の都の名は『日本書紀』では瑞籬宮《みずかきのみや》、『古事記』では水垣宮《みずかきのみや》と名付けられています。その名からイメージされる都の姿は「水の都」です。崇神天皇の時代に水路を造り、天皇が理想とする「水の都」を建設したのではな

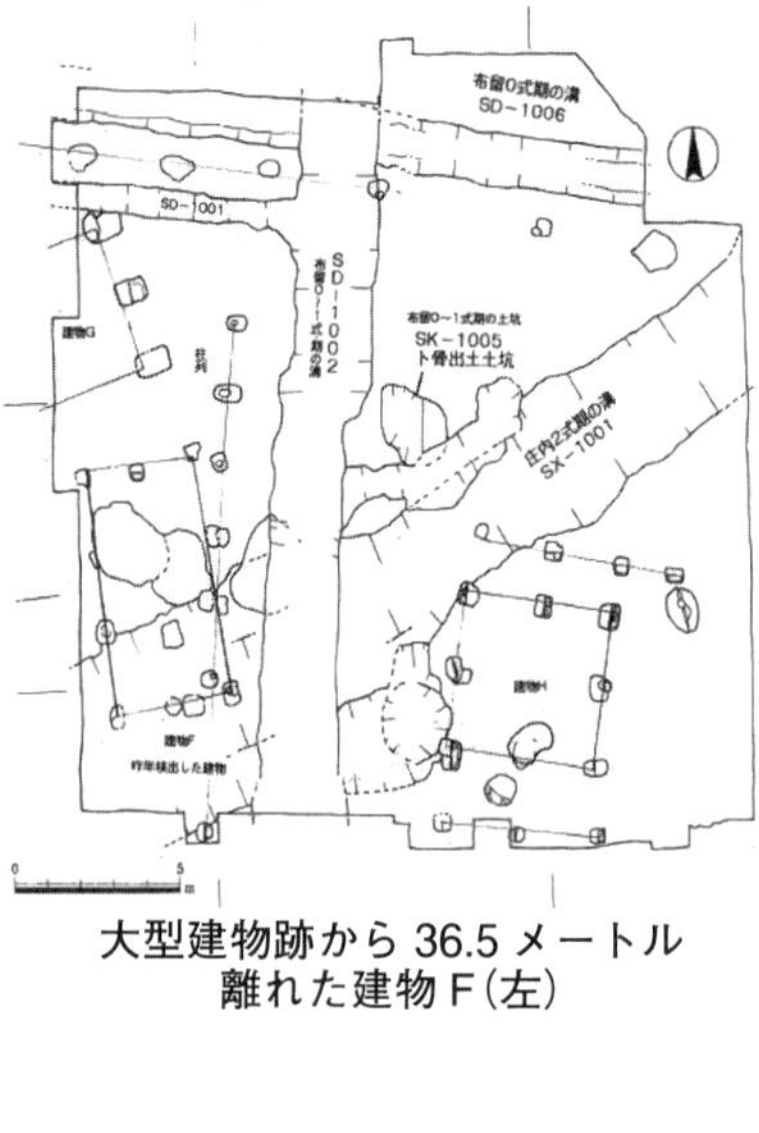

大型建物跡から36.5メートル
離れた建物F(左)

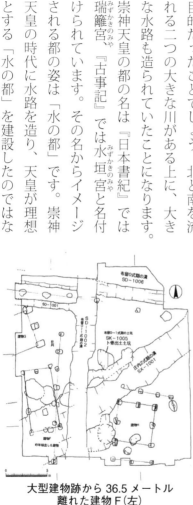

いでしょうか。崇神天皇は『日本書紀』が倭迹迹日百襲姫命《やまとととびももそひめのみこと》の墓と伝える墳丘長278メートルの前方後円墳の箸墓古墳を造営した天皇ですから、水路工事くらいはたやすかったことでしょう。

現在、崇神天皇の瑞籬宮は奈良県桜井市金屋にあったものと推定されていて、志貴御県坐神社《しきのみあがたにますじんじゃ》には大正年間に「崇神天皇磯城瑞籬宮跡《すじんてんのうしきのみずかきのみやあと》」の石碑も建てられています。がしかし、発掘された遺跡から推定される崇神天皇の瑞籬宮は、纒向遺跡から見つかった建物群跡の地になります。この違いはなぜ起きたのでしょうか？ 考えられるのは、神武天皇は東征の際、功績のあった「弟磯城《おとしき》、名は黒速《くろはや》を磯城県主に任じて」います。桜井市金屋の地は磯城県主磯城氏の本拠地だった場所か、霊山三輪山を祀るための祭場だったからではないでしょうか。天皇の宮（都）の立地条件としては、山裾の志貴御県坐神社は適した場所とは言えないのではないでしょうか。天皇が宮を置く理想の地と考えた立地条件について、後の「蘇る崇神天皇の瑞籬宮」で解説しています。

第2代から第9代天皇の国譲り

初代神武天皇とそれに次ぐ第2代から9代までの歴代天皇の実在性が希薄であることから、初代神武天皇を神代の天皇で、崇神天皇をヤマト王権の地上における初代天皇と考える説が有力視されています。

『日本書紀』によれば、神武天皇は「神日本磐余彦火火出見天皇《かむやまといわれひこほほでみのすめらみこと》」という名で、「畝傍《うねび》の橿原《かしはら》に御殿の柱を大地の底の岩にしっかりと立てて、高天原に千木高くそびえ、はじめて天下を治められた天皇」の意と記されています。「天皇が日神の依り代となって日神を祀り、と同時に天皇自身が日神となって、天下を治めた」という意が込められていて、天皇が神であることを表現した名なのです。

『日本書紀』は「崇神天皇は天神地祇を敬い、四道将軍を北陸、東海、西海、丹波に派遣して支配領域を広げ、国民の戸口《ここう》を調べ、課役《かえき》を始めて国家体制を整え、天下が平穏になったことから御肇國天皇《はつくにしらすすめらみこと》と称された」と伝えていて、崇神天皇が天皇国家初代政治家であることを表現した名なのです。有力視されている従来の説と矛盾を起こさない両記録です。

古来より日本人は死ぬと神様になるという信仰がありました。弥生時代、北部九州の首長墓では霊魂の「新生・再生」を祈願して、神様の霊魂が憑いた鏡や剣などを破砕する儀式を行い、神様となる死者と共に墓に副葬しました。神武と崇神が同一人物とする説もあり得るものの、古来からの日本人の死生観に従えば、『記紀』の編纂者は現実の初代天皇(崇神天皇)から見て、現世を去って神様となった父(神武天皇)までを「神代の神様」として神格化・伝説化したというストーリーも、あり得る話です。

神武が崇神の父と仮定した場合、神武が樫原宮《かしはらのみや》で崩御したあと、崇神が神様となった神武の樫原宮から、少し離れた磯城の瑞籬宮に遷都したというストーリーの方が、時間的・地理的展開という点から見て、妥当性があるのではないでしょうか。

しかし、神武から崇神までの間の8人の歴代天皇の記録が創作であったなら、『記紀』の編纂者は、天皇家の歴史を記録する上で、これら創作された歴代天皇の記録の中に、特別に伝えたいことを記録化して残したに違いありません。

『古事記』よりも詳しく記された『日本書紀』の歴代天皇の記録を見てみましょう。8人の歴代天皇の内5人が神武の東征の際、神武に協力した磯城氏の首長の弟磯城の家系の娘を妃に迎えています。前述の通り、磯城氏（志貴連）はニギハヤヒの子孫と見られます。第8代の孝元《こうげん》天皇の妃はニギハヤヒの子孫の穂積臣《ほつみのおみ》の子孫で、崇神の前の第9代の開化《かいか》天皇の妃でもあります。そして崇神の母は、ニギハヤヒの子孫の物部氏の先祖の大綜麻杵《おおへそき》の娘とされています。

それから、第2代の綏靖《すいぜい》天皇の母は事代主命《ことしろぬしのみこと》の長女、第3代の安寧天皇《あんねいてんのう》の母は事代主命の次女、第4代の懿徳《いとく》天皇の母は事代主命《ことしろぬしのみこと》の孫とされています。事代主命は大国主命《おおくにぬしのみこと》の子で、「国譲り」に際し、父に「葦原《あしはら》の中《なか》つ国《くに》」の献上を勧めた国つ神です。

『日本書紀』の編纂者は天皇家は男系血筋で、神武の東征先の新旧の先住者の娘と結婚をし、先住者と「親族」になったことを『日本書紀』の記録に残したかったのではないか、ということです。これらの記録は形を変えた、もう一つの「国譲り」

の物語でもあるのです。

『古事記』の場合はどうでしょう。8人の歴代天皇のうち、6人が先住者の磯城県主の娘と第8代の孝元天皇はニギハヤヒの子孫の穂積の臣の娘と結婚をしていて、『古事記』も、もう一つの「国譲り」の物語であることを伝えています。

ヤマトの礎を築いた第2代～第9代天皇

では、8人の歴代天皇は架空の人物だったのでしょうか?

第2代から第4代天皇は、短期間で天皇が替わっています。第8代と第9代の天皇の妃は双方とも、崇神天皇の生母の伊香色謎命《いかがしこめのみこと》とされ、やはり短期間で天皇が替わっています。神武の東征の際、熊野に上陸し磯城に侵攻する途上で、「葦原の中つ国が騒がしく、我らの御子たちは平定できない様子」という記録が出てきます。

神武天皇には御子が複数いて、神武に先行して東征の目的地に入って戦っていたことがわかります。『記紀』の編纂者は、東征後に生まれた第2代綏靖天皇の和風《わふう》諡号《しごう》に神の付く神沼河耳命《かむぬなかわみみのみこと》を授け、綏靖に続く天皇として、先陣を切って戦って神様となった神武の御子達の偉業を残すために、日神である天照大神の嫡流《ちゃくりゅう》の男子であることを示す最高位の尊称「日子《ひこ》」を和風諡号に特別に授けて、神武と崇神の間の歴代天皇として、帝紀的部分（皇室の系図的な記録）のみを記録するという方法で、天皇家の歴史を創作した可能性があります。

神様となった神武天皇を神格化・伝説化したのと同様に、古来からの日本人の死生観に従えば、建国に尽力した神武の御子達を神様として祭り上げ、英霊《えいれい》として神格化・伝説化するのはむしろ当然の配慮と見るべきで、そうした観点に立って『記紀』の内容を見ると、第9代開花天皇までを文字通り「神話」とし、天孫降臨直前までを「創世神話」、天孫降臨から開花天皇までを「建国神話」そして崇神天皇以後を「歴史書」の大きく三つの構成で編集されていると見ることが出来ます。そうであるなら、崇神の父は第9代開化天皇で、第8代孝元天皇は、崇神の母の前夫で叔父ということに、そして神武天皇は崇神天皇の父ではなく、祖父ということになります。

第2代綏靖天皇から第9第開化天皇までの和風諡号と宮の場所（　）内は推定地（『古事記』）

第2代綏靖　神沼河耳命　葛城（奈良盆地南西部）
第3代安寧　師木津日子玉手見命　片塩の浮穴（奈良県大和高田市）
第4代懿徳　大倭日子鉏友命　軽の境岡（奈良県橿原市）
第5代孝昭　御眞津日子訶惠志泥命　葛城
第6代孝安　大倭帯日子國押人命　葛城
第7代孝霊　大倭根子日子賦斗邇命　黒田（奈良県田原本町）
第8代孝元　大倭根子日子國玖琉命　軽の境原（奈良県橿原市）
第9代開化　若倭根子日子大毘毘命　春日（奈良市）

『古事記』に記された第2代から第9代までの歴代天皇の宮の所在地は何を物語っているのでしょうか？　奈良盆地の南部を中心にほぼ奈良盆地全域に宮が置かれています。つまり神武の東征が完了してのち、奈良盆地一帯の主要地が歴代天皇によって治められていることを示している上に、開花の妻が旦波（丹波）の県主の娘ということは、丹波にまで天皇家の勢力が及んでいたことを暗に示しています。ただ丹波については、崇神天皇の時代に崇神が丹波道主命《たんばのみちぬしのみこと》に命じて、丹波を平定した記録が『日本書紀』に記されていることから、丹波は出雲と天皇家の両勢力の接点となる場所に位置していて、天皇家にとってマツリゴトを行う上での重要地であり、政治的に不安定な場所だったと見られます。これらのことは崇神天皇が即位する前の時代に、文献資料上の「国譲り」がヤマトのほぼ全域で行われたことを物語っています。

その観点から和風諡号に付いた「倭根子《やまとねこ》」の意味を考察すれば「ヤマトの国の礎《いしずえ》を築いた御子」と解釈出来、これら歴代天皇が全員、あるいはほとんどが神武の御子達である可能性は十分にあります。和風諡号に師木の付く第3代安寧は綏靖の近親者で、倭《やまと》と御眞《みま》の名の付く天皇は東征を共にした神武の御子と見ています。可能性としては御子の近親者もあり得るでしょう。

『古事記』の編纂にあたって稗田阿礼《ひえだのあれ》が、実在性が希薄とされる歴代天皇について伝え聞くことで、『古事記』の記録に特に書き残すべきと思うことがあったとしたら、それは崇神の時代を迎える前に、神武の御子達（近親者もあり得る）によってヤマトのほぼ全域で先住者との結婚による「国譲り」が成されていたということではないでしょうか。

歴代天皇が神武の御子達とした場合に問題になるのは、歴代天皇は記録上、父子継承が行われている点です。その部分は歴代天皇として神格化された神武の御子達が行った「国譲り」を伝えることを最優先にして、天皇の父子継承の原則を踏まえて「神話」として父子関係を創作したということになります。

蘇る崇神天皇の瑞籬宮

第2代から第9代の間の歴代天皇の宮の名は、池、嶋、原など水や湿原地関連の字をあてた宮の名が半数以上数えられます。第10代崇神天皇の父の開化天皇の都は春日の地で、宮の名は率川宮《いざかわのみや》とされています。これらの記録から、天皇は天皇の宮を置く場所は、川辺の湿原地の「茅原」や「葦原」が適地と考えていたことが読み取れます。

崇神天皇が纒向を都に定めたのは、磯城の葦原の『神浅茅原』が宮を造るのに適した川辺の湿原地であったことに加えて、冬至の日に霊山三輪山から朝日が拝める「冬至と日の出」に当てはまる地であったからと見ています。その地の西側に天照大神を祀ったことにより、設計し建設されたのが瑞籬宮の建物群だったと見ています。

その建物群から見えてくる瑞籬宮の姿は、天皇がマツリゴトを執り行う大型建物D（宮殿）に、建物B（本殿）と建物C（拝殿）と神池《しんち》を配置した神社併設の宮殿造りが成されたもので、その構成は「祭政一致」にもっとも適った建物構成と言えるものです。

「宮」について、村上重良は自著『国家神道』（岩波書店）で、次のように記しています。

○「宮」とは、四方を障壁で囲んだ数室のある屋敷のことであって、《中略》天子や皇妃・皇族などが住居する宮中、宮家、王宮、行宮《あんぐう》などに通じる文字である。

纒向遺跡の復元された大型建物Dは、四方を障壁で囲んだ数室のある屋敷であることは明らかで、「宮殿」と呼ぶに値する建物です。その建物は日本の伝統的な高床式の掘立柱建物《ほったてばしらたてもの》と呼ばれる建物で、縦横の柱間が4間×4間で、南北約19・2メートル、東西約12・4メートル、床面積約238・08平方メートルもある大型の高床式掘立柱建物です。この建築様式は、7世紀後半の第40代天武《てんむ》天皇と第41代持統《じとう》天皇が営んだ飛鳥浄御原宮《あすかのきよみはらのみや》の内裏正殿《だいりせいでん》にも見られる建築様式です。大型建物D（宮殿）は天皇の御所である内裏の原形と見られます。

大型建物D想像復元図（口絵より）

このような柱間が偶数間の建物は、左右両端から5番目の柱が建物正面の真ん中に位置するため、階段を建物正面に設置することが困難になります。

建物の正面に階段を設置するためには、構造的に柱間を奇数間にする必要があります。8世紀以降、皇族・貴族住宅の正殿の正面の柱間が奇数間の建物には、建物の左右横四隅に階段が設置されていることから、大型建物Dの階段も建物の左右横四隅に設置されたものと推定されます。正面に階段の無い宮殿は、どちらかと言えば、天皇の権力を誇示する造りではなく、天皇や天皇の家族の私的な場を中心に会見や協議の場であったと考えられます。正面に階段が有った場合、二列の階段か、二列分の幅の階段が設置されていたと考えられます。正面に崇神天皇の第三子の垂《すい》仁天皇《にんてんのう》が生まれたとされる瑞籬宮は、大型建物D（宮殿）ではなかったのではないでしょうか。

このような高床式の大型建物を考案した大きな要因は、崇神の都を定めた建物群の地が水害に見舞われやすい地であったのと、これから御肇國天《はつくにしらすすめら》皇《みこと》として、ヤマトの国を治める天皇の威厳を示す建物にしたかったためではないでしょうか。

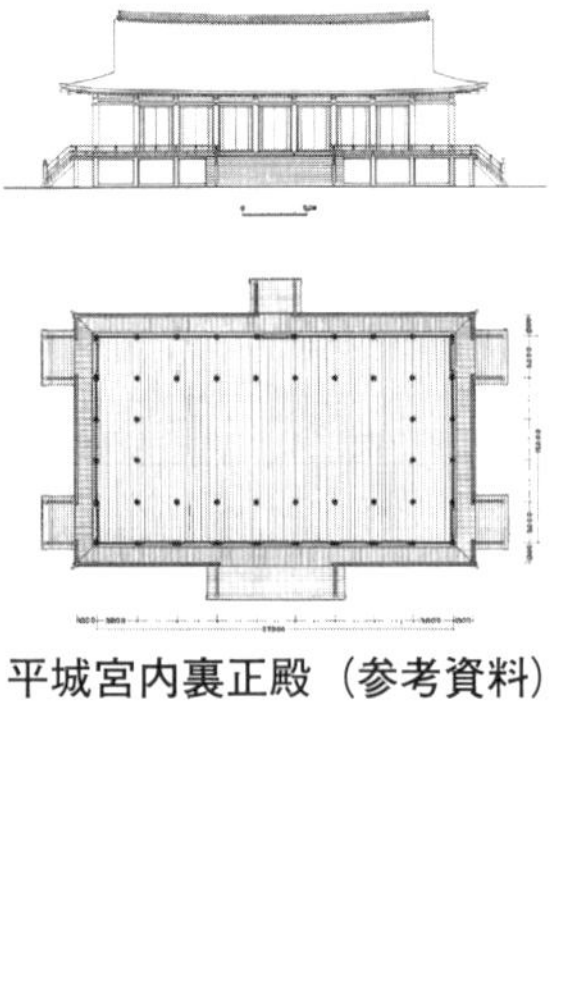

平城宮内裏正殿（参考資料）

纒向遺跡の大型建物D以前、大型の掘立柱建物は弥生時代中期に北部九州で盛行期を迎え、弥生時代中期前半の吉武高木《よしたけたかぎ》遺跡（福岡市）からは、長辺約14メートル、短辺約13メートル、面積約182平方メートルの大型建物跡が見つかっています。その他久保園《くぼぞの》遺跡（福岡市）や柚比本村《ゆびほんむら》遺跡（佐賀県鳥栖市）などで、面積100平方メートルを越える大型建物跡が見つかっています。

建物BとCについて見てみましょう。

建物B（本殿）は正面は裏面より幅が狭くなっています。建物のバランスから見て、屋根最上部の軸は東西軸線上向きである筈です。建物の四辺はほぼ正方形をしています。神社建築で言えば、伊勢神宮に代表される本殿が横長の神明造《しんめいづくり》ではなく、出雲大社に代表される大社造《たいしゃづくり》の本殿のタイプなのです。このことは神社建築の始まりを考える上で、重要な意

吉武高木遺跡の大型建物復元模型
（福岡市埋蔵文化センター所蔵）

味を持っています。つまり、崇神天皇の時代に建てられた天つ神と国つ神とを祀る社殿（本殿）が、出雲の祭祀文化の影響を受けて設計された可能性が高いと考えられるからです。現在神社では、一柱一柱の社殿を設けるのが一般的です。国家公認の社殿（本殿）、おそらく第一号の本殿（建物B）は、神々を分けずに一つの社殿に天つ神と国つ神の神々をまとめて祀っていたことになります。

建物B（本殿）とC（拝殿）の正面と裏面は真ん中がちょうど柱間になるため、正面と裏面に真ん中に階段の設置が可能となり、建物B（本殿）とC（拝殿）の間は幣殿《へいでん》で結ばれ、その幣殿は建物C（拝殿）から高床を高

建物B（左）と建物C（右）想像復元図（口絵より）

く建てたB（本殿）を拝むように上向きに傾斜していたことでしょう。そして建物B（本殿）とC（拝殿）の間で見つかった溝は、建物群と同じ時代に存在した神池だったと見ています。建物B（本殿）の正面が裏面より幅が狭いのは、溝（神池）に柱がかからないように建てられたと考えられます。三つの建物の屋根は出雲大社本殿や室生寺《むろうじ》五重塔など由緒ある寺社仏閣に用いられているヒノキの皮で葺いた檜皮葺《ひわだぶき》だったのではないでしょうか。

　建物C（拝殿）と大型建物D（宮殿）の間には二つの溝

建物B遺構

建物Cと大型建物Dの間の二つの溝

建物C遺構

が見つかっています。東側の溝は大型建物Ｄ（宮殿）の西側半分を大きく切る溝であることから、大型建物Ｄ（宮殿）解体後に新たに造られた溝と見られています。西側の溝は東側の溝を埋めて整地した上から新たに掘られていて、５世紀末頃以降に存在したものと推定されていて、両岸には灰白色の拳大の石が貼られていました。

神池（川）は伊勢神宮にある五十鈴川、下鴨神社にある御手洗池《みたらしいけ》や住吉大社にある神池にあたる俗世の穢れを祓い去るための霊域を表すもので、大型建物Ｄ（宮殿）があった時代にも、西側の溝の位置におそらく川から水を引くか、湧水で出来た泉↓神池（川）があって、そこには俗界と神界を結ぶ神橋《しんきょう》（反橋《そりはし》）が架かっていたと見ています。その場合、建物Ｂ（本殿）とＣ（拝殿）の間で見つかった神池（川）とつながっていた可能性があります。そうあってこそ、瑞籬宮の名によりふさわしい設計と思えるからです。

『日本書紀』の垂仁天皇二年条に「さらに纏向に都を造り、珠城宮《たまきのみや》と言った」（更都於纏向、是謂珠城宮也（原文））と記されていて、「遷都」と表現していないことから、「垂仁天皇が生まれた瑞籬宮の地をそのまま都と定め、宮を造り替えた」と解釈できます。『古事記』では「師木《しき》に玉垣《たまがき》宮《のみや》を造って天下を治めた」と記されています。

『日本書紀』によれば、纏向は崇神・垂仁・景行《けいこう》三代の都があった地です。前述のように、景行天皇の宮の名は日代宮《ひしろのみや》と言います。宮の名が日神祭祀を想起させるのはともかく、日神の子孫である天皇は本来、即位するたびに「新生」せねばならず、**天皇の宮を「遷宮」**することが定めでした。現在、伝承地は様々あるものの、おそらくこれら三代の天皇が都と定めたエリアは、冬至の頃に三輪山から昇る日の出が拝めて、新嘗祭を行うのに最適な「神浅茅原（纏向）」で、崇神天皇の都の地に宮を

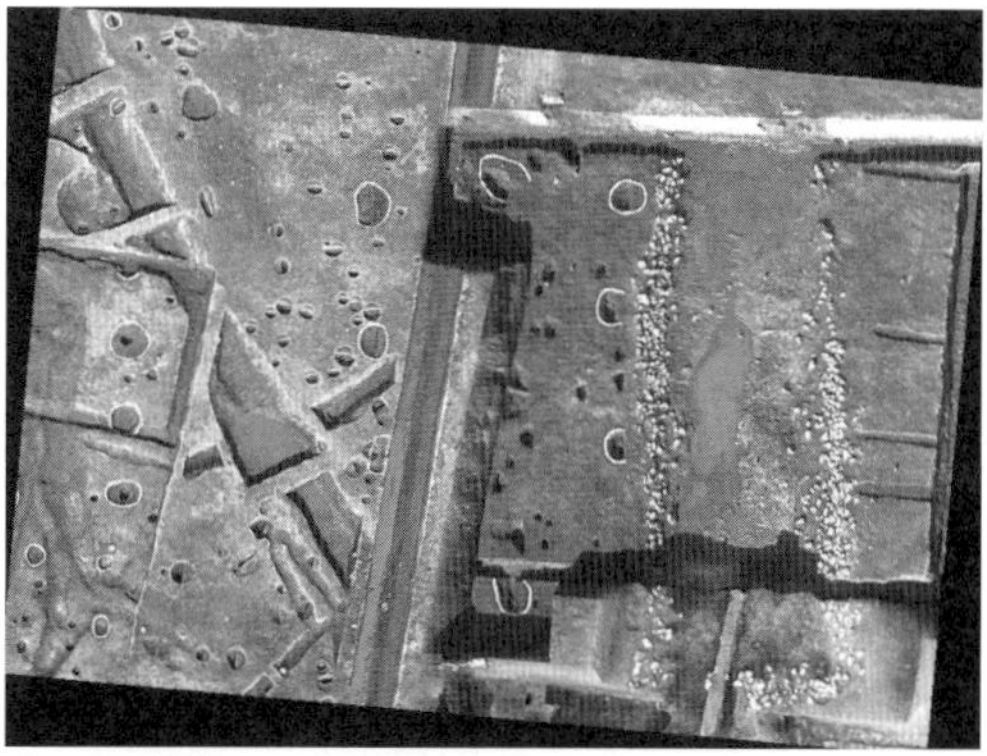

左から建物Bの正面の柱跡と溝と建物Cの柱跡と５世紀末頃以降に存在したものと推定されている神池の敷石

崇神天皇の皇居「瑞籬宮」の想像復元図（口絵より）

置いた垂仁と景行の二人の天皇は、それぞれに宮を造り替えたのではないでしょうか。

『記紀』によれば、垂仁が都を造ったのは冬10月で、景行は冬11月1日とされています。両日とも太陽の力が衰える冬至の頃に宮を造り替えたことを意味し、事実上、日嗣《ひつぎ》の御子《みこ》である天皇が実質的に新天皇となる儀式「大嘗祭」（新嘗祭と大嘗祭の区別は天武天皇以後明瞭化されます）であったと見ています。溝の造り替えを含め、建物群の東西中軸線から外れて発掘された建物跡や柱穴などのほとんどは、崇神天皇の後の天皇の「遷宮」の痕跡に違いありません。

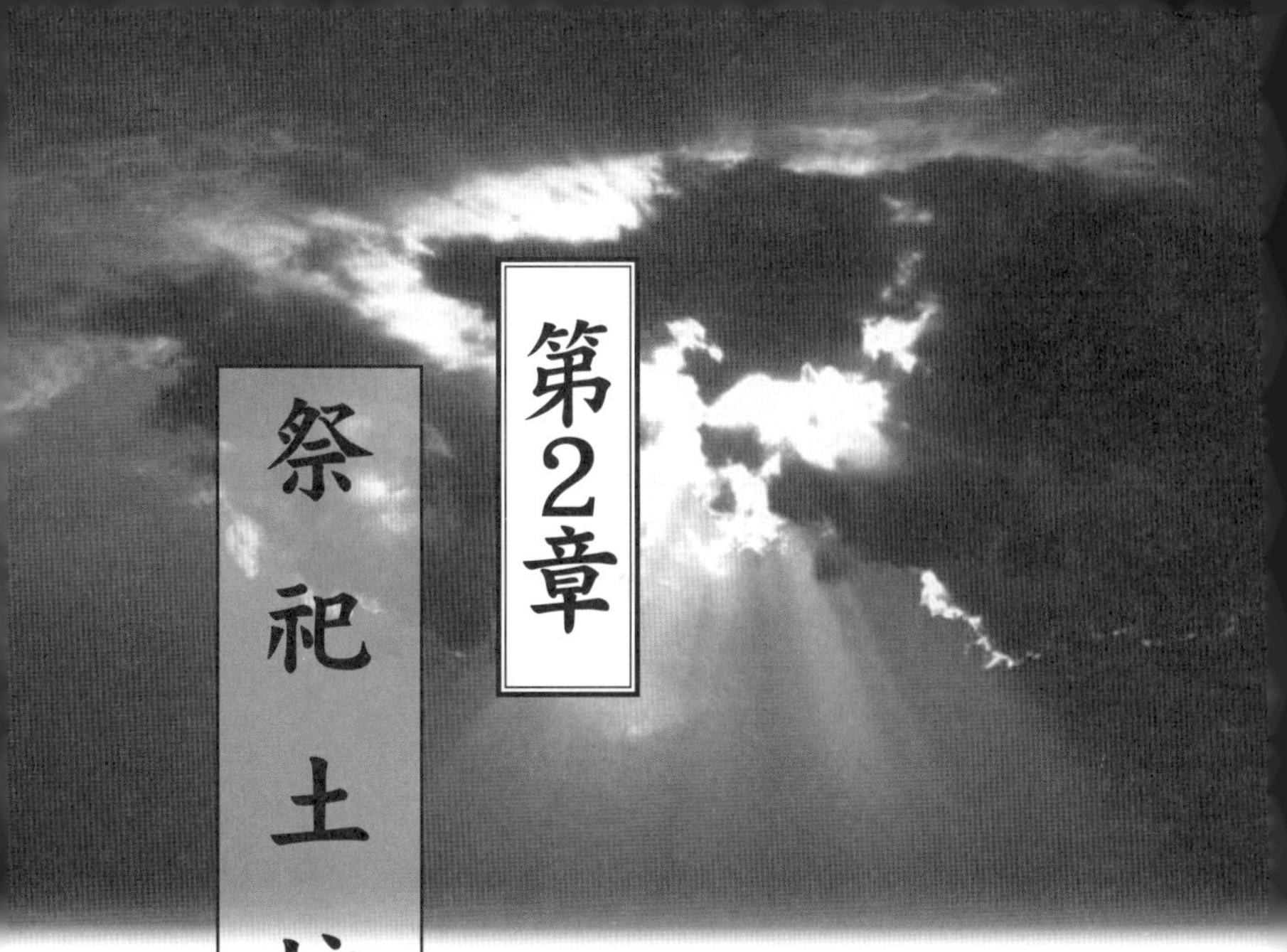

第2章

祭祀土坑の時代

伊弉諾尊《いざなぎのみこと》は黄泉国から逃げ帰るときに桃の木の下に隠れ、桃の実を投げつけて悪霊を撃退しました。伊弉諾尊は桃たちに「お前たちは私を助けたように、葦原の中つ国に住むありとあらゆる命すこやかな人たちが、もしつらい目にあって、苦しむようなことでもあれば、わたし同様に助けてあげなさい」と告げ、桃に大神の実という意味の意富加《おおか》牟豆美命《むずみのみこと》という神の名を与えました。

祭祀土坑と井戸祭祀

大型建物Ｄの南側の柵列の地中から大型土坑が見つかりました。その土坑から多量の桃の種（果肉が残存した桃を含め、纒向遺跡第168次調査時で２７６９個）が出土し、「卑弥呼が鬼道の呪術に使ったものではないか？」などと大きく報じられました。

前述のように約３キロ平方メートルに及ぶ纒向遺跡からは、底が湧水点に達する不整形な円の祭祀土坑が約150基見つかっています。これらの祭祀土坑は湧水地や素掘りの井戸で祭祀を行ったあとに、祭祀に使用した祭祀品や供物を湧水地や井戸に埋納した祭祀跡と見ています。

建物群南側の柵と重なる場所に位置する大型土坑

なぜ古代人が祭祀品や供物を地中に埋納したのでしょうか？

拙著『神宿る沖ノ島〜古代日本人が見えてくる』より引用します。
一、古代の人は、祭りに用いた祭祀品を埋納する場所を祭場と決めていた。
二、古代の人は、祭りに用いた祭祀品を祭場内の土に埋めるものと信じていた。
それは古代の人は「土＝神」と考えていたようだからです。それはおそらく、稲の苗を植えれば、根を張り、成長し稲が実る。そうした土の力に神さまを見たのでしょう。

遷宮で撤下された伊勢神宮の神宝類は、明治の時代まで、燃えるものは燃やし、燃えないものは地中に埋められました。この行為も「土＝神」の宗教観に基づくものと見ています。

なぜ祭祀土坑で見られる土器など祭祀品を破砕したのでしょうか？

纒向遺跡第168次調査時で大型土坑から2769個の桃の種が出土

ひと言で言えば、現在の神輿のぶつけ合いなどに見られる「鎮魂《タマフリ》」の儀式と同じく神霊や霊魂などの霊力を高めるためです。それは決して「投棄」という行為ではなく、「破砕」という呪術的行為であることを認識しなければなりません。

弥生時代後期に井戸が集中している遺跡があります。それは奴国と呼ばれた福岡市の比恵《ひえ》・那珂《なか》遺跡です。井戸の数は弥生時代だけで500基以上。「イド」というのは古くは湧泉や湧水を指した言葉でした。かつてはせき止めた水や小川で水を使うところをも「イド」と呼ぶところが多くありました。ですから祭祀を行う井戸となれば、元々の湧水地や湧水が確実な所に、井戸が造られていることになります。

井戸祭祀で土器を埋納する風習は弥生時代中期後半から始まり、井戸からは「壺のマツリ」と呼ばれるほど多量の壺形土器が出土し、ほかには赤く塗られた木製品、骨、種子などが出土しています。骨は占いの卜占《ぼくせん》に使ったものでしょう。比恵遺跡からは小型丸底壺の上にまとまって桃の種（数量は不明）が出土しています。桃の種に限っ言えば、ほかに井尻《いじり》遺跡から桃の種一点出土の報告がされています。

祭祀の主体の壺について言えば、井戸の中に繰り返し壺を破砕して埋納したことが、発掘調査によって確認されていて、湧水地や井戸で行われた祭祀遺跡である纒向遺跡の祭祀土坑でも、繰り返し祭祀が行われ、そのたびに祭祀に使われた土器などが埋納されたと見ています。

纒向遺跡や比恵・那珂遺跡の祭祀では、何の神様を祀ったのでしょうか？三輪山の主宰神《しゅさいじん》は、水神、蛇神、雷神としての性格を持つ大物主神です。建物群跡一帯は「水の国」です。祭祀土坑の祭祀で祀られた神様は、やはり水神だったのでしょうか？

弥生人にとって水が湧き出る井戸は、飲み水や生活用の水を汲む採水施設の井戸としての用途以上に、祭祀を行う霊地としての意味を持っていました。魂返《たまがえ》しといって、掘り井戸に向かって、重病人の名を大声で叫ぶと命が助かるという迷信は、霊地としての井戸への信仰を今に伝えるものです。

地霊・穀霊・精霊などの神霊を迎えて祀ることを「地的宗儀《ちてきしゅうぎ》」と定義すれば、神秘的な井戸は数々の神霊を祀る「地的宗儀」を行う中心的な場所でした。そのような祭祀は稲作農耕社会を基盤に、四季の変化に順応して暮らす弥生人の暮らしに広く根づいた祭祀なのです。「地的宗儀」はアニミズムと言い換えられます。その定義に従えば、纒向遺跡の祭祀土坑跡は井戸祭祀跡で、そこで行われていた祭祀は「地的宗儀」の祭祀になります。

岡山・島根・鳥取の桃の種祭祀

縄文時代後期、岡山では津島岡大《つしまおかだい》遺跡の貯蔵穴から桃の種が２個、百間川沢田《ひゃっけんがわさわだ》遺跡の土坑から桃の種が２個出土していますが、このような状況が一変するのは弥生時代後期です。

出土遺跡数は20を超え、岡山県倉敷市東部の足守川《あしもりがわ》西岸に営まれた弥生時代後期の上東《じょうとう》遺跡からは９６０６個、岡山県岡山市の弥生時代後期の津島《つしま》遺跡からは２４１５個と多量の桃の種が出土しています。９６０６点もの数の桃の種が出土したのは上東遺跡の波止場状遺構《はとばじょういこう》という当時の河口近くに設けられた遺構からでした。遺構の北には、突出部両端の全長が72メートルで、同時期の弥生墳丘墓としては日本最大級の双方中円形墳丘墓《そうほうちゅうえんけいふんきゅうぼ》の楯築《たてつき》墳丘墓があります。墳丘の各所から壺形土器《つぼがたどき》、特殊器台《とくしゅきだい》・特殊壺《とくしゅつぼ》の土器片が出土しています。２４１５個の桃の種が出土した津島遺跡は、出土したのは遺跡の旧河道からでした。

岡山市の旭川河口域に営まれた鹿田《しかだ》遺跡の弥生中期後半の井戸から桃の種が３点出土しています。また弥生時代終末期の井戸からは井戸の底に置かれた直径約40センチもの大きな鉢の中から、少量の赤色顔料と共に桃、マクワウリ、クルミの果皮が出土しました。桃とマクワウリは鉢と蓋にされた甕を覆った粘土の上からも出土しています。

そのほか岡山市の弥生時代後期から古墳時代前期に営まれた百間川《ひゃっけんがわ》遺跡からは、土坑、井戸、溝から桃の種が多数出土しています。どれも水に関係した場所で祭祀が行われれていています。

岡山県の遺跡以外に多数の遺跡から桃の種が出土した地域があります。それは鳥取県と島根県です。

『鳥取県教育文化財団調査報告書』（２００４年３月31日作成）によれば、桃核（桃の種）出土遺跡は鳥取・島根両県で33遺跡61例。時代は縄文時代が2遺跡2例、弥生時代が19遺跡37例、古墳時代が4遺跡10例、近世が1遺跡3例、時期不明のものは10遺跡10例。このうち遺構内から出土したものは、弥生時代18遺跡35例、古墳時代4遺跡9例、近世1遺跡3例、時期不明1遺跡1例。果肉が残存した桃も出土していることから、桃そのものも祭祀の供物としていたことがわかります。

島根県出雲市の弥生後期から古墳前期に営まれた姫原西《ひめばらにし》遺跡からは、旧河道壁面に形成された貝塚から1500点以上の桃の種が出土しています。旧河道の堆積層は大きく4層に分かれていて、その種類は農具、工具、漁具、運搬具、武具、祭祀品、楽器（琴板と推定）、装身具、機織具、容器、食事具、雑器類から建築部材類まで多岐に及んでいます。弩《ど》形木製品という古代中国の弓の弩の特長を持つ珍しい遺物も含まれています。この遺物は出雲が大陸文明を受け入れる日本の玄関だったことをモノ語る遺物です。

注目すべきは、弓の弩と戈形木製品一個を含む剣状木製品がわずかとはいえ、5個出土していることです。これらは日神を招き入れるための祭祀品です。古代の日神を招き入れる祭祀は、冬至の頃に、現代で言えば、大晦日から正月に行われる「行く年来る年」の祭りです。この川岸の地で繰り返し行われていた祭祀の中に、「行く年来る年」の祭りも行われていた可能性が読み取れる遺物です。

鳥取・島根両県の遺跡からは、河道や環濠や土坑など水に関係した場所のほかに、住居や柱穴からも桃の種が出土しています。住居跡や柱穴から出土する桃の種は、現在の地鎮祭《じちんさい》に通じる呪術的な意味合いを持つ供物として埋納されたものと見られます。興味深いのは、住居は焼失した住居が複数あるということです。

『日本書紀』に「伊弉諾尊は大きな桃の木の下に隠れて待ち伏せし、その実を採って、雷どもに投

桃核出土遺跡（『茶畑遺跡群』より）

げつけたので、雷どもは逃げ去っていった。これが桃でもって、鬼を防ぐはじまり」という記録があります。

『今昔物語集《こんじゃくものがたり》』に「その家の者たちは、陰陽師《おんみょうじ》の言葉を聞いて大変怖がって、陰陽師にそれではどうすればいいでしょうかと尋ねると、陰陽師はその日は厳格に物忌みをする必要がありますと答えました。やがて、その日になったので、堅固な物忌《ものい》みをして、その鬼はどこからどのような姿で現れるのですかと陰陽師に尋ねると、陰陽師は、門から人の姿をしてやってきます。このような鬼は、道理に反したような非道の道を行くことはしないものです。ごくごく道理にかなった道を行くものですと答えたので、門に物忌みの札を立て、桃の木を切って道を塞ぎ、「？？欠字になっています。鬼払いの法と思われます」法を行いました」という記述があります。

また『延喜式《えんぎしき》』に「以二桃弓・葦矢・桃杖一、頒二充儺人」という記述が見られ、桃弓と桃杖が鬼を祓う追儺《ついな》に使われたことがわかります。桃から生まれた桃太郎が、鬼ケ島に鬼退治に行く『桃太郎』のおとぎ話も、古くから桃が鬼を払うという信仰があったからこそ生まれた日本の昔話なのでしょう。

資料不足を承知の上で推理すれば、桃による鬼払いのルーツは、住居跡や柱穴からも桃の種が出土する出雲の桃の種祭祀のように思われます。ここで認識しなければならないのは、単純に「桃の種＝鬼払い」ではなく、古代の日本人が桃の種に並々ならぬ神霊の力を見、その威力に鬼をも払う力があると信じたからこその「鬼払い」ということです。その力は「負の力」ではなく「正の力」なのです。

日本の鬼払いの風習との関連はさておき、中国の史書『春秋左氏伝《しゅんじゅうさしでん》』には、「桃木製の弓で棘製《とげせい》の矢を射れば災いを避けることができる」と、また隋の時代の年中行事を記した『玉燭宝典《ぎょくしょくほうてん》』には「桃は五行の精だから邪気を退け鬼を防ぐ力がある」など、古代中国では桃や桃の木が邪鬼祓いに使われていたことが記されています。

地的宗儀の祭祀土坑と種々の供物

大型建物Dの南側の大型土坑の出土遺物一覧を見ると、桃の種以外に、種々の実のなる植物や種々の魚や種々の動物など千数百点もの供物が供えられています。その状況は「天武天皇《てんむてんのう》4年4月10日に勅使を遣わして風神を龍田立野《たつたのたての》に祀り、大忌《おおいみの》神《かみ》を広瀬河曲《ひろせのかわら》に祀った」（『日本書紀』）とされる広瀬大忌祭と龍田風神祭の延喜式の祝詞を思い浮かばせるものです。

祝詞の現代語訳はこうです。

○神酒は十分に醸造した酒を高さのある甕にたっぷりと入れて並べ、玄米と荒米をお供えし、加えて山の生きものは、鳥や獣など種々の毛のある動物、畑に育つものは、種々の野菜、海に育つものは、大小様々な魚や種々の藻菜

纒向遺跡第168次調査大型土坑（SK-3001）出土遺物一覧		
動物遺存体		イワシ類・タイ科（マダイ・ヘダイ）・アジ科・サバ科・淡水魚 ツチガエル・ニホンアカガエル・カモ科・齧歯類・ニホンジカ・イノシシ属
植物遺存体（食用となるものに限定）	野生種	カヤ1・ヤマモモ36・クリ2・シイ属5・コナラ属145・アカガシ亜属9・ムクノキ14・ヒメコウゾ480・ヤマグワ23・サクラ属サクラ節3・キイチゴ属2・サンショウ80・トチノキ216・ブドウ属22・マタタビ18・サルナシ15・グミ属4・ガマズミ属1・ニワトコ7・アカザ属4・ヒユ属34・シソ属2・イヌホウズキ87
	栽培種	モモ2,769・スモモ52・イネ938・ヒエ2・アワ74・アサ535・ササゲ属3・エゴマ24・ウリ類2,076・ヒョウタン類213
土　　器		線刻を施した短頸直口壺・底部穿孔を施した小型直口壺・ 手捏ね土器・ミニチュアS字甕・壺・高坏・甕・器台など
木　製　品		ヘラ状木製品4・黒漆塗り弓1・槽1・筒形容器1・ 横槌2・剣形木製品1・竹製籠6・敷居材1・垂木1
そ　の　他		ガラス製粟玉2

にいたるまで取りそろえ、どっさりと横山のように積んで……。

この祝詞は延喜式の祝詞ですから、およそ800年以上前の弥生時代末期に、これほど動物や植物や穀物などの供物を多量に供える祭祀が行われていたことは、驚くべきことです。偶然の一致なのか、「水神」を祀る広瀬大忌祭が行われてきた広瀬神社（奈良県北葛城郡河合町河合）は、大型土坑が見つかった場所と同じく河川に囲まれた地帯です。

『記紀』に記された天皇が勅して行われる祭祀の供物（神饌《しんせん》）は神酒を主としています。特に新嘗祭のときには「巫女達に酒がふるまわれ、神楽を舞った」や「酒に酔ってそのまま寝てしまった」など『記紀』の記録を見る限りでは、酒以外の供物は新穀とせいぜい魚と塩くらいです。祭祀以外でも軍隊を鼓舞したり、戦いに勝って祝宴を開くときも「酒宴」を開いています。これは単に酒宴を好んだというのではなく、神様の霊威がこもった賜り物を関係者全員で共に飲食する神人共食《しんじんきょうしょく》のことで、現在の直会《なおらい》のことです。

ヤマトの地の祭祀遺跡に、『記紀』の記録には皆無な動物や植物等など多種多量の供物が埋納されていたのは、なぜでしょうか？

おそらく崇神天皇の時代に、物部氏・天皇家が神浅茅原の祭祀土坑で、出雲・吉備文化の影響を受けた「地的宗儀」と出会ったことにより、物部氏・天皇家の祭祀に変革が起こったに違いありません。それは崇神天皇の時代に、前方後円墳が創作されたメカニズムと通底する「祭祀の変革」であったことでしょう。

現在伝えられている新嘗祭の神饌の品目は、米の蒸しご飯、米のお粥《かゆ》、栗のご飯、栗のお粥、新穀の米から醸造した白酒《しろき》・黒酒《くろき》、魚の鮮物《なまもの》、干物《ひもの》、果物、あわびの汁漬け、海草の汁漬け、あわびの羹《あつもの》、河松《かわまつ》の羹など多種類になっています。これは新嘗祭の始まりの儀式で、天皇が天神地祇を祀られるときに供えられる神饌なのです。神酒や新穀を供えて、日神を祀る本来の新嘗祭とは別に準備された神饌なのです。「祭祀の変革」は、崇神天皇の時代に天神地祇を祀る社殿を建て、神々を祀る祭祀を始めたときに起こり、以来、種々の供物（神饌）を供える祭祀が採用され、長い時の流れの中で供物の取捨選択されて、現在の神社・神宮の祭祀における供物に至ったと見ています。

『報告書』では「横槌《よこづち》2点とヘラ状木製品4点、底部穿孔《ていぶせんこう》を施した小型直口壺《こがたちょっこうつぼ》を除く総ての遺物が壊された状態かつ、それぞれが一部分しか出土しなかったことである」と報告されていて、前述のようにそれら破砕されたものは、神霊や霊魂の霊力を高めるために行った呪術的行為の結果なのです。

出土遺物一覧の中に、各一個とはいえ、日神を招き入れる祭祀品の弓や剣形木製品が含まれています。先の出雲市の姫原西遺跡と同じように、この祭祀土坑で「行く年来る年」の祭祀も行われていた可能性が読み取れる遺物です。

具体的に言えば、「行く年（旧年）」に祭祀品を破砕して日神の霊力を奮い立たせ、「来る年（新年）」に弓で「新生・再生」した日神を招いて剣に迎える儀式が行われていたと見られます。がしかし、その数の少なさと鏡や金属製の剣などの祭祀品が皆無なことから、纏向遺跡の祭祀土坑は、突如として出現した前方後円墳が造営された時代とは異なる宗教観で、祭祀が執り行われていたことがわかります。

祭祀土坑には、古墳時代以降に執り行われた祭祀における祭祀品が、新たに埋納された土坑がある可能性があることを常に考慮しなければなりません。前にも述べたように、祭祀に使用された祭祀品は、燃やすか土に埋めたと考えられるからです。

木製仮面と修正鬼会

纏向遺跡の祭祀土坑から長さ26センチ、幅21・5センチ、厚さは0.6センチ前後のサイズの常緑樹のアカガシ亜属製の木製仮面が出土しています。同じ遺構の上層埋土中から土器類や籠状製品のほか、常緑樹のアカガシ亜属製の柾目材で作られた長さ約47・5センチの大きな鎌柄や常緑樹の樅《もみ》で造られた盾の小片など、多くの木製品が出土しています。土器には神酒が盛られたことでしょう。籠状製品には桃の種などの

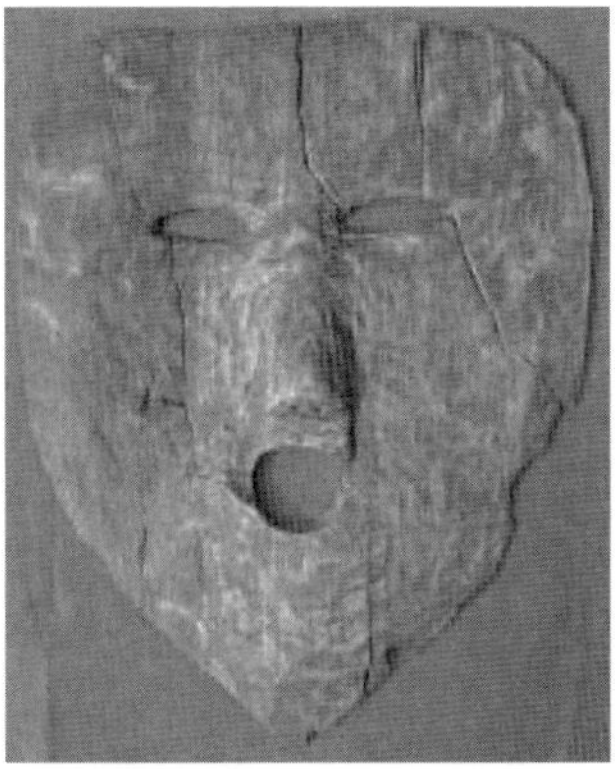

祭祀土坑出土の木製仮面

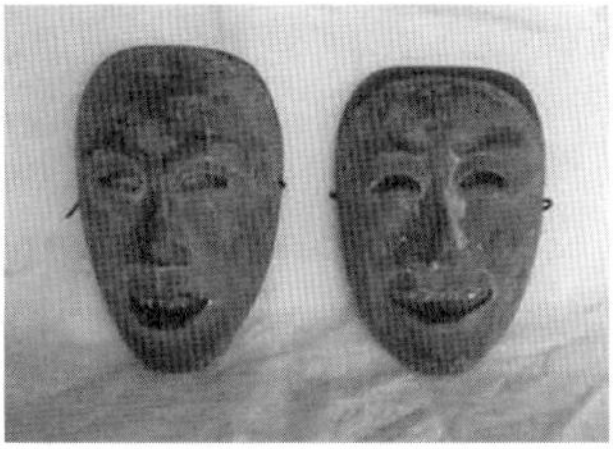

修正鬼会の鈴鬼の面

供物が供えられたことでしょう。常緑樹の木で造られた鎌や盾は祭祀のために造られた祭具でしょう。木製仮面は弥生時代の稲作農耕を基盤にした暮らしの中で、祖霊を招き迎え、五穀豊穣などを祈願する祭祀で使われた祭具でしょう。祖霊は福をもたらす正月の歳神《としがみ》様でもあります。

所も時代も変わって、神仏習合の発祥地の大分県国東半島六郷満山《ろくごうまんざん》に家内安全、五穀豊饒、無病息災を祈願する修正鬼会《しゅじょうおにえ》と呼ばれる旧正月の伝統行事があります。仁聞《にんもん》（巫僧のグループという説もあります）は、717年～724年に六郷満山の28寺の僧を集め、「鬼会式六巻」を授けて、鬼の祭り「鬼会」（今日の「修正鬼会」）を始めたと伝えられています。

主役は鈴鬼《すずおに》と称する先祖の化身で「福の神・正月の神」の鬼です。鬼の面を被った鈴鬼が松明《たいまつ》を持って飛び跳ねて舞ったのちに、松明で参拝者の頭上を祓うように、纒向遺跡の祭祀土坑では、木製仮面を被った舞人が「福の神・正月の神」（歳神）と化して、松明を持って飛び跳ね、松明で人々の邪気を祓い、新年を祝ったことでしょう。

祭祀土坑から出土した仮面や盾や柾目材の鎌柄などの祭具は、どれも常緑樹の木で作られていて、正月を迎える弥生人の素朴な宗教観が見て取れます。正月に鹿の肩骨などを焼いて占う卜占《ぼくせん》で、祭祀を行う湧水地を決めていたのではないでしょうか。卜占ではその年の吉凶も占ったことでしょう。

桃の種の埋納状況の多様さと埋納地域が出雲から東のほぼ山陰全域の広い範囲に及ぶことから、山陰の出雲から吉備に伝わったと推測されます。纏向遺跡の祭祀土坑の湧水地で行われていた祭祀は、出雲や吉備の「地的宗儀」の影響を受けた「地的宗儀」と位置付けて、出雲型「地的宗儀」と名付けておきます。

修正会と猿楽と来訪神

仮面関連の祭事を少し探ってみましょう。

「八幡宇佐宮御託宣集《はちまんうさぐうごたくせんしゅう》」に東大寺の正月行事（法会）「修正会《しゅじょうえ》」のことが、次のように記録されています。

○天平勝宝七年（755年）同八年、初めて三ケ夜の修正会を奉納。神託きたまはく。「我十二月晦の夜を以て、御寺に移り、修正三ケ夜の間、衆僧入堂の時は、仏の後の戸の外に跪候して、衆僧入堂の後は、仏の前の露地に参候して、天朝を祈り奉らん」てへり。

これは八幡神が大晦日の晩に東大寺の後戸《うしろど》と称されるところ、鬼門と呼ぶ忌みきらわれるところに人が待機して、大仏殿で行われる修正会で天皇家の未来永劫の繁栄を祈願したことを記したものです。前述の六郷満山の修正鬼会は、宇佐八幡宮の巫僧《ふそう》によって始められた正月の伝統行事です。

修正鬼会が始まってから30〜40年後、東大寺大仏殿で行われた修正会は、宇佐八幡宮の巫僧が仮面を被り、後戸の神に変じ、舞い踊って正月の寿《ことほ》ぎを行ったことでしょう。

修正会や修二会《しゅにえ》と称される正月の行事は、平安時代の後期には、諸大寺においても盛大に行われるようになりました。いくつかの寺では後戸の神を守護神として祀りました。後戸の神は摩多羅神《またらじん》とも称され、天台宗、特に天台宗の一派の玄旨《げんし》帰命壇《みょうだん》における本尊で、阿弥陀経《あみだきょう》および念仏の守護神とされました。

鎌倉時代になると、猿楽《さるがく》という神事舞楽の一座が、後戸の神の前で修正会の祭事を勤めることになります。諸寺では、正月の祝福神事の翁舞《おきなまい》を、ところによっては、呪師《しゅし》走《はし》りの翁と称して、猿楽座の長《おさ》が舞って、国家安泰、五穀豊穣を祈願しました。

小正月の夜に面などで扮装した青年などが家々を訪れる行事が、全国各地に多く見られます。名称は様々で、ホトホト・コトコト（中国地方）は戸をたたく音から名付けられたものです。屋久島ではこの訪問者↓来訪神をトシノカミと呼んでいます。トシノカミは少年たち4～5人が一組になり、鬼の面を被って家々を訪れて、年玉を配ってまわります。秋田県のナマハゲは鬼に扮装した（本来は）若者たちが3～5人ずつ組になって家々を訪れ、各家で接待を受けます。迎える家の主人は正装してナマハゲを迎え、またナマハゲも神棚に参拝して、祝福の言葉を述べます。どの行事も新年を迎えて、福を人々に与えるという信仰にもとづく行事です。

長野県下伊那郡新野《にいの》で正月14日に行われる民間伝承の神楽では、面がご神体として祀られています。同じ新野の伊豆神社では、正月11日未明、神霊を招き下ろし、祭りの面を諏訪神社に運び、翌日の夜に面に化粧をして、面に魂入れを行い、面が魂を持った姿として蘇ると考えられています。

面は神霊が具象化されたイメージの一つとして注意されるべきなのと同時に、神から人へ、人から神への変身を象徴しているのです。そして共通しているのは猿楽も含めてどれも、面の主は男であるのと、正月の歳神の性格を持っていることです。纏向遺跡の仮面の主も男で来訪神（歳神）役だったと推理します。

弥生時代の中期・後期は文化の伝播も広範囲に及んでいた時代です。その時代の木製仮面の出土例はないようですが、土器に仮面を装着していると見られる人物が描かれる例が存在することなど、古くから日本列島各地で、仮面・仮装の行事が正月に行われていた可能性が十分に考えられます。

現在も各地で仮面・仮装祭祀が受け継がれている一番の理由は、抽象的な言い方ですが、日本列島が万物に八百万の神々が宿る信仰を育ませる豊かな自然と風土を持っているからです。だからこそ「地的宗儀」が生まれ、新年に異界から先祖の霊（まれびと）を迎えて祝うという発想が生まれ、先祖の霊を面を被ることで表現するという発想が生まれるのです。そのようにして生まれた仮面・仮装祭祀は、日本の風土では普遍性を持って受け入れられて、広まり、愛され、芸能化もされ、長い年月を経て現在、奇祭として各地で受け継がれているのではないでしょうか。盆に姿を現す来訪神は、仏教伝来後に誕生した先祖の霊の化身なのです。

纏向遺跡から出土した木製仮面は、それが怖い形相の鬼の面であったとしても、日本の（旧）正月や小正月の行事で被られたり、神棚に祀られる面や仮装のご先祖様で、それすなわち元祖来訪神面であり、弥生時代後半には日本で既に「まれびと信仰」が営まれていたことを教えてくれる物証と見ています。さらに言えば、木製仮面は、能や神楽など面を被って化けて演じる日本の伝統芸能の面のルーツなのです。

２０１８年にユネスコ無形文化遺産に登録された「来訪神《らいほうしん》 仮面・仮装の神々」は、次の神々です。

①男鹿のナマハゲ（秋田県男鹿市）

②吉浜のスネカ（岩手県大船渡市）

③米川の水かぶり（宮城県登米市）
④遊佐の小正月行事（山形県遊佐町）
⑤能登のアマメハギ（石川県輪島市・能登町）
⑥見島のカセドリ（佐賀市）
⑦甑島のトシドン（鹿児島県薩摩川内市）
⑧薩摩硫黄島のメンドン（同県三島村）
⑨悪石島のボゼ（同県十島村）
⑩宮古島のパーントゥ（沖縄県宮古島市）

卑弥呼の鬼道と祭祀の国譲り

多量の桃の種が出土したとき、「卑弥呼が行った鬼道《きどう》の呪術に使ったのではないか?」と報じられました。卑弥呼の鬼道とはどういうものなのでしょうか?

中国の歴史書『三国志《さんごくし》』の『魏志倭人伝《ぎしわじんでん》』には「卑弥呼は鬼道によって人心を掌

握した」（原文は「卑彌呼事鬼道能惑衆」）と記されています。

『三国志』の『魏《ぎ》志《し》韓伝《かんでん》』と『魏《ぎ》志《し》高句麗伝《こうくりでん》』に鬼神が登場する記述があります。

○信鬼神國邑各立一人主祭天神名之天君又諸國各有別邑名之為蘇塗立大木縣鈴鼓事鬼神（『魏志韓伝・馬韓』原文）

《現代語訳》鬼神を信じ、主邑では、それぞれ一人を立てて天神の祭りを司祭している。これを天君と名づけている。また、諸国にはそれぞれ特別な集落があり、これを名づけて蘇塗（聖地）とする。大木を立て、鈴や鼓を飾って鬼神に仕える。

村々でご神木に鬼神を迎え、天神（日神）の祭りを行っている様子がわかります。

○其俗節食好治宮室於所居之左右立大屋祭鬼神又祠靈星社稷其人性凶急喜寇鈔（『魏志高句麗伝』原文）

《現代語訳》その風俗は食を節約し、屋敷を持つのを好む。住居の左右に大屋根を立てて鬼神を祭る。また神聖な星を祠に祀り、穀物など土地神を社で祀る。人の性格は凶悪で気が短く略奪を好む。

鬼神とその他の神を分けて、鬼神は家の屋根で祀っています。その場所から鬼神は天神（日神）と考えられます。

『三国志』を著した陳寿《ちんじゅ》（233年～297年）は、鬼道を朝鮮半島で見られる「鬼神（を祀る）道」の意で用いたとすれば、卑弥呼が行った鬼道は、日神を祀る祭祀であったことを意味します。つまり、卑弥呼は神がかりして日神の神託を告げるシャーマンで、文献上の日本の初代巫女と位置付けられます。天空から日神を迎えて祀ることを「天的宗儀《てんてきしゅうぎ》」と定義すれば、卑弥呼の鬼道は「天的宗儀」で、纏向遺跡の祭祀土坑における出雲型「地的宗儀」とは、「天」と「地」ほどの差のある異質な宗教性を持っているのです。「天的宗儀」はシャーマニズムと言い換えられます。

纏向遺跡に建物群があった時代の祭祀は、天照大神を国家神として、天つ神と国つ神とを同等に祀る祭祀です。ただし、崇神天皇の時代の認識で言えば、天つ神は「天皇家の祖神」くらいの範囲だったことでしょう。天つ神の範囲が天照大神の先祖や家族や親族にまで広がるのは、『記紀』が編纂されたときに、編纂者がそのように創作してからのことです。

この祭祀形態は、出雲の大国主《おおくにぬし》が天照大神に国を譲る「国譲り」を連想させます。

それは出雲の大国主などの土着の国つ神を天照大神が配下に置き、天つ神と同等に祀るという祭祀形態で、今日の日本の神道の祭祀形態の原形がこの時代に形作られているのです。

崇神の時代、「天つ神と国つ神の神殿が造られたときに、主導的に祭祀を司ったのが物部氏の先祖の伊香色雄《いかがしこお》」でした。前述のように、神話では神武の東征のとき、神武に先だってヤマトに天降っていたのがニギハヤヒとされ、伊香色雄はニギハヤヒの子孫とされています。崇神の母は、物部氏の先祖の大綜麻杵《おおへそき》の娘の伊香色謎命《いかがしこめのみこと》です。崇神までの歴代天皇が妻としたのは、磯城県主の娘です。磯城県主もまたニギハヤヒの子孫と見られます。

建物群が築造された崇神天皇の時代、天皇とニギハヤヒの子孫とが協力し合って、先住土着の出雲型「地的宗儀」を受け入れて完成させた構図が描ける祭祀形態なのです。

弥生時代中期から後期、鏡の出土数は福岡県が突出しています。剣も多数出土しています。鏡や剣は日神を迎える祭器です。弥生時代中期から後期、奴国や伊都国を擁《よう》した福岡県では、「地的宗儀」とともに神祭りや首長（王）の葬送儀礼で「天的宗儀」が営まれていました。このような二重構造の祭祀形態は、日神を最高神として尊びつつ、地霊や精霊など様々な霊、八百万の神々をも祀るという形態の祭祀なのです。

纒向遺跡に建物群があった時代に完成した祭祀形態は、弥生時代後期の奴国や伊都国など北部九州の祭祀形態に、出雲型「地的宗儀」を取り込み、天照大神を国家神として、その配下に天つ神と国つ神とを同等に祀ったと見ることが出来るのです。その形態は神々の世界では、天照大神が神々の上に君臨し、現実社会では、現人神《あらひとがみ》の天皇が世を治める構図を持つことになるのです。

天つ神と国つ神のご神体

社殿に祀られた天つ神と国つ神のそれぞれのご神体は何だったのでしょうか？

天照大神は八咫鏡《やたのかがみ》に決まっていますが、天つ神のご神体は何だったのでしょうか？

崇神天皇の時代に物部氏の伊香色雄《いかがしこお》が布都御魂《ふつのみたま》という神剣をニギハヤヒの氏神である石上神宮《いそのかみじんぐう》に、ご神体として奉納したという伝承があります。布都御魂がご神体であるごとが一番ですが、この伝承が正しければ、布都御魂そのものをご神体にするのは不可能で、布都御魂でなければ、新たに神器として造った同型の神剣をご神体にしたと見ています。

国つ神のご神体は何だったのでしょうか？

桃だった可能性があります。桃は腐るので、桃の実が採れるときは桃を奉納し、実が採れない期間は、桃の種だったのではないでしょうか。弥生時代後半、出雲型「地的宗儀」で桃の種が多用されていることもあります。また『古事記・神代』の記録によれば、伊弉諾尊が黄泉国から逃げ帰った際に、桃の木の下に隠れ、桃の実を投げつけて悪霊を撃退したとき、伊弉諾尊は、桃たちに「お前たちは私を助けたように、葦原の中つ国に住むありとあらゆる命すこやかな人たちが、もしつらい目にあって、苦しむようなことでもあれば、わたし同様に助けてあげなさい」と告げ、桃に大神の実という意味の意富加牟豆美命《おおかむずみのみこと》という神の名を与えています。桃が神様として特別視されていることがわかります。

『記紀』で見られる桃の偉力について折口信夫は「桃の果実が女性の生殖器に似てゐるところから、生殖器の偉力を以て、悪魔はらひをしたのだといふ考へは、此民俗の起原を説明する重要な一ケ条であらう。《中略》なほ一カ条を加へるならば、初めに言うた、桃の実りの速かなことも、此民俗を生み出す原因になつたであらう」と説いています。加えて、実は種子（子）を持っていることから豊作や繁栄など「吉」のイメージを持ったのと、桃の色は弥生人には、神々しい色に映ったからではないでしょうか。祭祀の供物はその色や形がとても重要な要素です。岡山県、島根県、鳥取県、奈良県の弥生人は、彼らにとって神聖な湧水地や川辺で、太陽のように丸くて、神々しい色をした桃を地霊や精霊など、八百万の神々に捧げたのではないでしょうか。

ご神体の可能性としてもう一つ、出雲が（おそらく）御財《みたから》としていた銅鐸も否定は出来ません。その場合、銅鐸は音が鳴らせるように矛に吊り下げた状態で祀られた可能性が想定されます。後の「銅鐸の使用方法」をご参照下さい。

纒向遺跡の大型祭祀土坑から出土した桃の種について、名古屋大学の中村俊夫名誉教授と元徳島県埋蔵文化財センターの近藤玲が、それぞれ放射性炭素を使った年代測定を行ったところ、いずれも西暦135年から230年の間のものの可能性が高いことがわかりました。桃の種が数多く出土した岡山県、島根県、鳥取県の遺跡が、主に弥生時代後半の遺跡であることと時期的に重なる測定結果です。

ヤマトの葦原国と西からの新興勢力

知り得る限りの資料ですが、弥生時代の後半、水に関係した場所で、多量の桃の種を使った祭祀が、なぜ纒向遺跡のある奈良県南東部、岡山県、島根県、鳥取県で営まれていたのでしょうか？

それを解くヒントがいくつかあります。
一、出雲大社の祭神である大国主命《おおくにぬしのみこと》の祖先にあたる素戔嗚尊《すさのをのみこと》や大国主命を祭神とする古い神社が東北を除く全国に無数に存在しています。古代において出雲の神様が広い地域で信仰されていたことを示しています。

二、銅鐸の出土数は島根県、兵庫県、徳島県、滋賀県、和歌山県が多く、東は静岡までの地域で出土しています。銅鐸を使った祭祀が中国・四国以東の広い地域で行われていたことを示しています。

三、奈良県立橿原考古学研究所研究員の関川《せきかわ》尚功《ひさよし》の報告によれば「纒向遺跡の他地域からの搬入土器は、東海地方がその約半数を占め、北部九州の土器は微量で、その傾向は唐古《からこ》・鍵遺跡《かぎいせき》と変わることはない」「唐古・鍵遺跡の搬入土器は、近畿より西方では、吉備・瀬

纒向遺跡から出土した搬入土器

戸内が合わせて約20点、近江が約40点、伊賀・尾張が約20点、伊勢湾岸地域が60点以上」となっています。

一は出雲文化が及んだ地域、二は銅鐸圏を示しています。ヤマトの纏向遺跡や唐古・鍵遺跡から、二で示された地域と重なる地域で造られたと見られる搬入土器が出土しています。

第81代出雲国造・出雲大社宮司の千家尊紀《せんげたかのり》は『出雲問答《いづももんだふ》』（1879年刊）で、次のように記しています。
○葦原のわけは大神の少彦名の命《すくなひこなのみこと》と共に天の下を作りましし時に、浮き漂へる国土の締まるべき科《しな》に茅萱、薦などを殖生《うゑ》まして作り固め給ひしによりて葦原国といふよし、大三輪神社鎮座次第記にみへたり、《中略》色許男《しこめ》とは勇猛を賞でていふ名にて、鬼神の如しといふに等し。
色許男とは大国主命の異名「葦原色許男神《あしはらのしこめかみ》」で、大国主命が葦原国の主宰神《しゅさいじん》であったことを伝える記述ですが、これがヤマトの大三輪神社の『鎮座次第記』に記載されているということは、大国主命がヤマトの葦原国の主宰神であったことを示しています。『出雲問答』によれば、葦原色許男神を含め、大国主命には16もの異名があります。広範囲に出雲影響下の弥生文化が、祭祀の視点で言えば出雲型「地的宗儀」が及んでいて、「葦原」の地に複数の「葦原国」が存在して、各地の「葦原国」で、主宰神の大国主命を名を変えて祀ったというストーリーが見えてきます。また『古事記・神代』に「地上の葦原の中つ国は、大国主神が出雲にあって国を治め、その勢いは遠くへ遠くへと延びていった」と記されていて、出雲以外に「葦原国」が存在していたことを暗に示しています。

纒向遺跡で祭祀土坑が営まれていた「神浅茅原」は、ヤマトの「葦原国」で、吉備の「葦原」は吉備の「葦原国」、そして桃の種を数多く使う出雲型「地的宗儀」は、吉備が出雲型「地的宗儀圏」の「葦原国」とすれば、ヤマトも然りとなります。

弥生時代のヤマトは、鉄器文化が希薄な地域です。それは弥生時代のヤマトはまだ辺鄙《へんぴ》な地域だったのに加え、ヤマトの弥生人は、稲作農耕を基盤にした四季折々の暮らしに順応した暮らしを営んでいて、自然の恵みや田畑を耕して収穫できた恵みに感謝し、質は悪くとも、今ある木製の農耕具に不平を抱くことがなかったからではないでしょうか。纏向の「神浅茅原」の茅や葦や薦から採れる褐鉄鉱という恵み、加えてそれらは、様々な生活用具の材料になるという恵みに感謝の念を持っていたことでしょう。

そのような場所であるからこそ、ヤマトの弥生人は「神浅茅原」の地を広く祭場と定め、祭祀土坑で祭祀を営んだのでしょう。

弥生時代後期、山陰から北近畿までの日本海地域には鉄器文化が到来していました。がしかし、ヤマトはまるでヤマトを取り囲む境界に「弥生文化」のバリアが張られているかのように、依然として基層の文化は畿内の弥生文化の域を出ない文化を維持していました。そのバリアを破って侵攻してきたのは、西からの二つの勢力でした。

神武の東征に先立ち、天照大神から十種の神宝を授かり天磐船に乗って河内国の河上の地に天降り、その後ヤマトに移ったと『日本書紀』などが伝える後発のニギハヤヒの勢力（「卑弥呼時代の前後に起こったニギハヤヒの侵攻」で解説）は、磯城の山裾に「葦原」が広がる地形を見て、「鍛冶工房を営むのに最適な地！」と直感したに違いありません。纒向遺跡からは実際に、鍛冶工房と見られる跡が10カ所ほど見つかっていて、鉄製品、鉄片、鉄滓《てっさい》、送風管などが出土しています。送風管は蒲鉾形《かまぼこがた》の羽口を用いたもので、新たな鍛冶が導入されていたことが確認されています。このタイプは北部九州で見られるものです。

纒向遺跡の真東の奈良県桜井市穴師にある穴師坐兵主《あなしにいますひょうず》神社の近くの畑の土は赤みを帯びていて、かつて金属が採取された可能性が指摘されています。磯城氏の本拠地の奈良県桜井市金屋は、穴師坐兵主神社同様、地名が歴史を表しています。神武が弟磯城の兄の兄磯城《えしき》と戦っている最中に立ち寄った宇陀（宇陀市菟田野）には、かつて水銀鉱山があったそうです。神武の勢力やニギハヤヒの勢力は、大和（奈良盆地）に入ったとき、東方に見える連山は、伊都国（福岡県糸島市）や奴国（福岡市と福岡県春日市周辺）で見る風景とよく似てると思ったに違いありません。

東征を果たした神武は「なんと素晴らしい国を得たことよ。狭い国ではあるけれど、山々が連なり、囲んでいる国だことよ」（『日本書紀』）と感嘆の声を上げています。『日本書紀・神武天皇』は、昔、伊弉諾尊《いざなぎのみこと》がこの国（神武が治めることになった国）を名付けて「日本《やまと》は心安らぐ国、良い武器が沢山ある国、勝れていてよく整った国」と言われたと、伝えています。

第3章

『古事記・日本書紀』再考

出雲の伊耶佐小浜《いざさのおはま》に降り立った建御雷神《たけみかづちのかみ》は、十握剣《とつかのつるぎ》を波の上に逆さに突き立て、その切っ先の上にすわって、大国主神《おおくにぬしのかみ》に対して国譲りの談判をおこないました。子のひとりの事代主《ことしろぬし》は服従し、もう一人の子の建御名方神《たけみなかたのかみ》は、建御雷神に力比べをもちかけて敗れ、逃走先の信濃国《しなののくに》で国譲りを約束しました。

ヤマトの出来事を神話化した『記紀』神代

纒向遺跡の祭祀土坑で出雲型「地的宗儀」が営まれていたのは、弥生時代後半までで、崇神天皇の時代に天照大神を国家神として、天神地祇を祀る祭祀が営まれる時代が到来し、自然消滅した。建物群や建物群の周りに巡らされた柵は、消滅後にニギハヤヒの子孫を含め、先住者達を配下に置いた崇神天皇によって建造されたと見ています。その時、地上での「国譲り」が完結し、新たな時代、古墳時代がヤマトの磯城の神浅地原の纒向で幕開けしたと見ています。また前に「第2代から第9代天皇の国譲り」で解説したように、神武と崇神の間の存在性の希薄な第2代、第3代、第4代天皇は、出雲の大国主命の子の事代主命《ことしろぬしのみこと》の娘や孫を妃に迎えて、親族にしています。この縁結びも、事代主命を先住者と見れば、形を変えた「国譲り」なのです。

『記紀』の編纂者は、婚姻による「国譲り」や祭祀における「国譲り」を、そうして現実にヤマトで起こった「国譲り」を神話化した可能性があります。これから謎解きを始めましょう。

○建御雷神《たけみかづちのかみ》に天鳥船神《あめのとりふね》を副えて葦原の中つ国に遣わした。（『古事記』）原文には「葦原の中つ国に」の記録は記されてはいません。この件については次の「『古事記』の葦原の中つ国」で解説しています。

『日本書紀』推古天皇16年条に「難波より大和川を遡上してきた隋使裴世清《はいせいせい》一行を海石榴市街《つばいちちまた》に迎えた」と記されています。比定地《ひていち》は横大路と山辺の道の交点付近の桜井市金屋の集落付近とされていて、磯城周辺は船が行き交う地だったことがわかります。また第34代舒明天皇《じょめいてんのう》の国見の歌で「海原《うなはら》は鴎《かまめ》立ち立つ美《うま》し国ぞ蜻蛉《あきつ》島大和の国は」と、ヤマトの国を海原と表現しています。明日香の枕詞も「飛ぶ鳥の」で、「天鳥船神」の着想もうなずけるものです。

ちなみに、建御雷神は出雲の国の伊那佐《いなさ》の小浜《おはま》で、波の穂に逆さに立てた剣先に坐ったとされていますが、これは日神は剣先に宿るという皇室系神道の思想を表現したものです。

○天若日子《あめのわかひこ》に天之麻迦古弓《あめのまかこゆみ》と天羽々矢《あめのははや》とを与えて葦原の中つ国に遣わした。しかし、天若日子は大国主の娘の下照比賣《したてるひめ》と結婚し、自分が葦原の中つ国の王になろうとして8年たっても高天原に戻らなかった。《中略》高木神《たかぎのかみ》は「もし天若日子に邪心あれば、この矢に当たれ」と言って天羽々矢を下界に投げ返した。矢は天若日子の胸を射抜き、彼は死んでしまった。

天つ神のニギハヤヒは先住者の長髄彦《ながすねひこ》の妹の三炊屋媛《みかしきやひめ》と結婚して、子ができています。長髄彦はニギハヤヒが天神の子である証として、天羽羽矢《あまははや》と矢を入れる携帯用の筒の歩靫《かちゆき》を神武に示しています。天つ神と敵の娘の結婚をはじめ、ストーリーの構成要素が酷似しています。天つ神と敵の娘の結婚について見れば、素戔嗚尊や神武天皇についても然りです。

○建御雷神（天つ神）が建御名方神（国つ神）の手を摑むと、葦の若葉を摘むようにつぶして放り投げたので、建御名方神は逃げ出した。（『古事記』）

大国主神には事代主神と建御名方神の二人の子どもがいました。事代主神は建御雷神の「国譲り」の申し出を受け入れ、建御名方神は抵抗して建御雷神と対戦したのち、信濃国《しなののくに》の諏訪湖まで逃げました。神武に協力した弟磯城《おとしき》と抵抗した兄磯城《えしき》と重なります。

『古事記』には、「出雲から来た野見宿禰《のみのすくね》と当麻蹶速《たいまのけはや》が相撲を取ったところ、野見宿禰が当麻蹶速の腰を踏み折って勝ち、蹶速が持っていた大和国当麻の地（奈良県葛城市當麻）を与えられた」と記されています。

文献上では、建御雷神と建御名方神の戦いは神代の相撲で、野見宿禰と当麻蹶速の戦いは地上で取られた最初の相撲です。「国譲り」ですから、神代の相撲の軍配は天つ神に上がっています。野見宿禰と当麻蹶速が相撲を取ったという言い伝えのある穴師坐兵主神社の摂社の相撲神社は、奈良県桜井市穴師にあります。祭神は野見宿禰です。

○大国主神は「二人の息子が天つ神に従うのなら、私もこの国を天つ神に差し上げる。その代わり、私の住む所として、天の御子が住むのと同じくらい大きな宮殿を建ててほしい」と願った。そう言ったかと思うと、大国主神は出雲の国の多芸志《たぎし》の小浜に使者の神々を供応する天之御舎《あめのみあらか》を建てた。（『古事記』）

『出雲問答』は「垂仁天皇の御時に大神のおしへありて、吾が宮を天皇の宮殿の如く造るべしとありし故に、菟上王《うなかみのおう》をして神宮を造らしむといふことの古事記にみへたるは、皇居の宮殿の如く造りし給ひしなるべし。金輪《かなわ》の造営といふはその指図伝はれるが、この数多の木を結び合せて金輪もて柱を建てられしより、然いふ名さへおこりて、十六丈の宮造りといふはこの時のことなるべし」と、垂仁天皇の時代に天照大神の神託で、十六丈の宮を建てたことを伝えています。16丈という長さはおよそ48メートルと言われています。

時は2000年、巨木3本を金輪で束ね

た宮柱が発掘され、巨大神殿の実在が確認されました。

『出雲問答』の垂仁天皇の時代の宮殿の造営に関する『古事記』の記録の要約は、こうです。

○天皇の御子は生まれながらに物が言えなかった。天皇は夢に出てきた神様のお告げに従って、曙立王《あけたつのおう》と菟上王《うなかみのおう》の兄弟を出雲に遣わして大神を拝ませると、御子はしゃべれるようになった。奏上をうけた天皇は大変喜びし、菟上王を再び出雲に遣わして「神宮」を建造させた。

大物主大神は海を照らし現れた神で、蛇神であり、水神または雷神としての性格を持つ神様です。大物主大神を主宰神とする三輪山の裾野には、かつていくつもの大小の河川が流れていました。時に洪水を起こし、大水害を引き起こしました。梅雨時の雷雨から起こる河川の氾濫や濁流は八岐大蛇《やまたのおろち》と重なるものです。

新嘗祭は現在も行われている宮中の儀式です。かつて冬至の頃に宮中祭祀として行われていた新嘗祭は①禊ぎ、②大祓《おおはらえ》、③鎮魂祭《ちんこんさい》の一連の儀式を経て行われていました。『記紀』に記された伊弉諾尊が黄泉国から逃げ帰ったあとの「禊ぎはらい↓

神々の誕生」、「うけいの勝負↓天照大神と素戔嗚尊の御子の誕生」、「天石屋戸《あめのいわやど》」の物語は、①禊ぎ、②神々の誕生、③大祓、④鎮魂祭、そして⑤新嘗祭を連想させる物語になっています。これら五段階の物語は、新嘗祭の前日（現在の大晦日に相当）に行われた一連の儀式と新嘗祭を物語化したものと見ています（詳しくは『神宿る沖ノ島』で解説）。

新嘗祭とその前に行われる一連の儀式と、ヤマトで起こった「国譲り」の出来事が、二大ハイライト・シーンとして、イマジネーション豊かに神話化されているのです。

「国譲り」の場面ではありませんが、長髄彦が神武に対して「きっとわが国を奪おうとするのだろう」（以奪人地乎『日本書紀』原文）と、天照大神が素戔嗚尊に対して「国を奪おうとする志があるのだろう」（謂當有奪國之志歟『日本書紀』原文）は、双方とも土地・国を奪われかねない強い恐怖心で、相通じる心理描写と見ています。

『古事記』の瓊瓊杵尊が天降った場所の記録「筑紫の日向にある高千穂」（竺紫日

向之高千穂（原文）と、伊弉諾尊《いざなぎのみこと》が黄泉の国から逃げ帰って、禊ぎ祓いをした場所の記録「筑紫の日当たりのよい橘の木が生い茂った河口あたりの阿波岐原《あわぎはら》」（竺紫日向之橘小門之阿波岐原（原文）と、その表現が酷似していることも、後者の記録をもとに前者を創作した可能性がある文例として、ご紹介しておきます。

この「日向之高千穂」という表現は、天孫が天降る場所の名称として相応しい名称を付けただけのことであって、架空の場所と見ています。なぜなら、日向は日の出を高千穂は良く稔った瑞穂を表現していて、それらは天皇家の思想の根幹を成すキーワードだからです。「阿波岐原」について言えば、『日本書紀』では檍原と記されていることから、その意味は「青々とした常緑の木々の茂った原」となり、これは祭場、つまり神社について表現した言葉と解釈出来ます。

『古事記』の葦原の中つ国

『古事記』の記録に見られる歴史上の出来事の重複は、天孫の瓊瓊杵尊《ににぎのみこと》が高千穂に天降ることから始まる建国神話を含む歴史を書き上げたあとに、その記録を参考資料として、新たに創世神話の「神代」を創作し、前文に付け足したものと考えられます。

もし『古事記』の編纂者が「神代」を創作する際に、ヤマトの出来事を神話化したとしたら、どこかに「ほころび」があるかもしれません。実はそう思えるところがあります。

瓊瓊杵尊が天降る先は、葦原の中つ国になっていました。ところが、実際に天降った場所は九州の高千穂でした。これが一つ目の「ほころび」です。

『古事記』には、ヤマトが「葦原の中つ国」と思える記録があります。

一、神武東征の際、熊野に上陸して初めて「葦原の中つ国」の言葉が出てきます。そこには「葦原の中つ国がひどく騒がしく、我らの御子たちは平定できないようだ。病気になって困り果てているように思われる」と、これから御子たちのいる葦原の中つ国へ向かうニュアンスです。

二、根国（黄泉国）にいる素戔嗚尊に出雲を治めるよう命じられた大国主神は、神々による度重なる妨害にあって、出雲を逃げ出して遠い地で国造りを始めます。大国主神が国造りを始めた場所はヤマトとなっています。その次の展開で「葦原の中つ国」は天孫が治めるべき国として、「国譲り」された場所は「葦原の中つ国」と記されています。

ところがこれら二例のヤマトが「葦原の中つ国」と思える記録とは逆に、建御雷神に天鳥船神を副えて向かった場所は「葦原の中つ国」になっていたのに、降り立った場所は、「出雲の伊那佐《いなさ》」の小浜でした。これが二つ目の「ほころび」です。

しかし、実はこれは「ほころび」ではないのです。建御雷神と天鳥船神が向かった場所は「葦原の中つ国」ではなく、出雲だったのです。『記紀』の原文を読めばわかることです。『古事記』には天若日子が遣わされた場所が「葦原の中つ国」とされていて、神話の舞台が「葦原の中つ国」であることには間違いありません。このことが勘違いを起こさせる最大の要因なのです。

『古事記』の原文には、建御雷神と天鳥船神が向かう目的地はどこにも記されていないのです。誰もが勝手に目的地は「葦原の中つ国！」と疑いもしなかったのでます。現代語訳本はおそらくすべて「二神は葦原の中つ国に向かった」と訳されています。

『日本書紀』にはどう記されているでしょうか?

原文は「令平葦原中國」で、一書曰として「遣經津主神・武甕槌神、使平定葦原中國」と記されています。

記されているのは、「平定使」として二神が遣わされたということだけで、その目的地はどこにも記されてはいません。

現代語訳者を含め『古事記』を読んだ誰もが現在に至るまで、「葦原の中つ国」平定のために二神が向かった先が「葦原の中つ国」と勘違いしてしまったことにより、「葦原の中つ国の出雲」と誰もが疑わなかったのです。

では、なぜ「平定使」の二神は、出雲に降り立ったのでしょうか?

出雲国造《いずものこくぞう》で意宇郡《おうぐん》の郡司《ぐんじ》であった出雲臣広島《いずものおみひろしま》が監修した『出雲国風土記《いずものくにふどき》』には、次のような記録が記されています。

○我が造り坐して命《うしは》く国は、皇孫命、平安と知らせて依さし奉り、ただ八雲立つ出雲国は、我が静まり坐さむ国と、青垣山廻らし賜ひて、玉と珍《め》で直し賜ひて、守りまさむと詔りたまひき、故《かれ》、文理《もり》といふ。

要訳すれば「我々が作り上げた葦原国は天皇家に奉ってもよいが、我が八雲立つ出雲の国だけは平和に守りたい。これが道理というもの」と、さらに砕いて言えば「出雲は手放さないが、他の葦原国は天皇家に差し上げても良い」と表明をしているのです。前述の『出雲問答』から読み取れる「大国主命がヤマトの葦原国の主宰神であった」ことを考え合わせれば、「出雲は複数ある葦原国の首都で、ヤマト『葦原国』の国譲りの交渉地は首都の出雲。葦原の中つ国はヤマト『葦原国』を指した。神浅茅原はヤマト『葦原国』の聖地『纏向』の中心地」とすることにより、すべてのピースがうまくパズルに収まるのです。

前述の「瓊瓊杵尊の天降る先が葦原の中つ国だったのに、実際に天降った場所が高千穂だった」という一つ目の「ほころび」は、葦原の中つ国が最終目的地で、高千穂は長い旅の出発地と解釈することにより、「ほころび」はなくなります。神武の東征中「葦原の中つ国」の語が出てくるのは、瓊瓊杵尊のひ孫の神武が熊野に上陸したのち、いよいよ目的地のヤマトが目前に迫った時のことです。

『古事記』の記録で「葦原の中つ国」の言葉が最初に出てくるのは、前に「天つ神と国つ神のご神体」で引用した次の『古事記・神代』の記録です。

○伊弉諾尊が黄泉国から逃げ帰った際に、桃たちに葦原の中つ国に住むありとあらゆる命すこやかな人たちを助けるように告げた。

逃げ帰った場所ですから、伊弉諾尊の坐《いま》す所と推定されます。坐す所の葦原の中つ国はどこでしょうか、ヤマトである筈です。

では伊弉諾尊が黄泉国に出発する直前にいた場所はどこでしょうか？

その場所は、ヤマトの香具山（奈良県橿原市）の山裾です。「伊弉諾尊の涙から生まれた神は、ヤマトの香具山の山裾にある木の下にいて、その名は泣沢女神《なきさはめのかみ》と言う」と『古事記・神代』は伝えています。

『日本書紀』の葦原の中つ国

『日本書紀』はどうでしょうか？

「葦原の中つ国」が日本をイメージして使用されている決定的な記録があります。

○天つ神が伊弉諾尊《いざなぎのみこと》と伊弉冉尊《いざなみのみこと》に語って言われるのに「豊葦原《とよあしはら》の豊かに稲穂《みずほ》のみのる国がある。お前たちが行って治めるべきである」（『日本書紀・神代上』）

「葦原の中つ国」という表現ではないですが、国生みの前文の記録であることから、治めるべき国は日本を指していることがわかります。

○日神が、生まれた三柱の女神を葦原の中つ国の宇佐嶋に降らせられた。今、北の海路の中においでになる。（『日本書紀・神代上』）

三柱の女神は現在福岡県宗像市の宗像大社の辺津宮《へつぐう》、中津宮《なかつぐう》、沖津宮《おきつぐう》に祀られている宗像三女神のことです。北の海路とは朝鮮半島への海路のことです。

整理しましょう。

『古事記』で「中」は、宇宙の神聖なる中央に坐《いま》す最高神の天之御中主《あめのみなかぬし》神の名や安曇《あずみ》の連《むらじ》などの祖先神の底津綿津見・中津綿津見《なかつわたつみのかみ》・上津綿津見の綿津見三神の名や綿津見三神と同時に生まれた底筒之男命・中筒之男命《なかつつおのみこと》・上筒之男命の住吉三神の名に見ることが出来ます。英語で言えば、センターやミドルの意味です。あとは文字通り内側という意味の「中」です。英語で言えばインサイドです。

そこで「葦原の中つ国」（原文は葦原中國）の「中」の意味を神々の名に付けられた「中」の意味で解釈すれば、神武の東征後、出雲勢力下の「ヤマトの地」を支配した天皇家が「葦原国の中心の国」となったヤマトを「葦原の中つ国」と名付けて、『古事記』に使ったが、『古事記』完成から8年後に完成した『日本書紀』は「葦原の中つ国」の意味を日本にまで拡大解釈して使うことにした、と考えられます。

川島皇子《かわしまのみこ》以下12人の『日本書紀』の編纂者たちの誰かが、

「国号を日本と制定し、大宝律令を制定してから来年で20年を数えます。天皇が治める国土も広大になりました。かつてヤマト王権の始まりの地を意味した『葦原の中つ国』の語意を『日本国《ひのもとのくに》』にまで広げるべきではないでしょうか？

それからもう一つ。太安麻呂《おおのやすまろ》様がお一人でまとめ上げられた古事記《ふることぶみ》の神代紀においていて『葦原の中つ国』の美称でお使いになられた『豊葦原の瑞穂国』を、天下国家そして大唐国《だいとうこく》や新羅国《しらぎこく》や渤海国《ぼっかいこく》に天皇が治める『日本国』の豊かな国土を知らしめるためにも、今回も神代紀と神武紀において『葦原の中つ国』の美称として使うのはいかがでしょうか？」

と提案し、「それは名案」と全員一致で受諾されたとも考えられます。

第4章

銅鐸考

大国主神《おおくにぬしのかみ》は「二人の息子が天つ神に従うのなら、私もこの国を天つ神に差し上げる。その代わり、私の住む所として、天の御子が住むのと同じくらい大きな宮殿を建ててほしい」と願いました。大国主神は出雲の国の多芸志《たぎし》の小浜に使者の神々を供応する天之御舎《あめのみあらか》を建てられました。2000 ～ 2001 年の調査で、出雲大社の本殿付近の地中から、巨木三本を金輪《かなわ》で束ねた大柱が発掘され、大国主神の宮殿（古代の出雲大社）の実在が確認されました。

銅鐸埋納の意味

出雲型「地的宗儀」の祭器として用いられた銅鐸とは、一体何だったのでしょうか？

銅鐸は村を外れた丘陵の麓、あるいは頂上の少し下からの出土が大部分で、深さ数十センチの比較的浅い穴を掘って横たえたものが多く、また湖の湖辺や川の河原でも出土しています。

銅鐸に描かれた絵には、農耕生活とのつながりを示す絵や祭りを媒介とする人々の祈りを投影したと思わせる絵や秋の稔りを予祝する絵などがあります。

銅鐸を埋納したことの理由については次のような説あります。

一、米や穀物の豊穣を祈って拝んだのではないかという説。

二、平時は地中に埋納し、祭儀等の必要な時に掘り出して使用したが、祭儀方式や信仰の変化により使われなくなり、やがて埋納されたまま忘れ去られたとする説。
三、大変事にあたり神に奉納したのではないかという説。
四、地霊を鎮めるために銅器を埋納した風習という説。
五、文字の未だ定まっていない時代に、任命書に代えて鏡ではなく銅鐸を授与したという説。
六、銅鐸を祭る当時の列島の信仰的背景とは著しく異なる文化を持った外敵が攻めて来た等の社会的な変動が起きた時に、銅鐸の所有者が土中に隠匿して退散したという説。
七、政治的な社会変動により、不要なものとして（多数の場合は一括して）埋納したという説。
この中に的を射た説はあるでしょうか？
福岡県太宰府の宝満山修験の峰入修行の際に行われる入宿灌頂《かんじょう》と呼ばれる秘儀が考

唐古・鍵遺跡出土銅鐸の復元銅鐸

えるヒントになろうかと思います。

灌頂というのは、修験者が昇進するときに香水《こうずい》を頭にふりかける儀式で、灌頂を受けるものは、洞窟内で手の中に小石を持ち、香水を頭に注がれ、その日を命日とします。そして石を家に持ち帰り、名前を記入した上で身につけます。その石は次の峰入りの際に、山中の秘所に埋めるというものです。これは神霊の寄りついた霊石（福）を山から持ち帰り、一年後に霊石（福）を山に帰す、今日に置き換えれば「ゆく年来る年」の儀式と見ています。

銅鐸は「来る年（新年）」には祖霊、あるいは精霊を招き寄せる祭具だったことでしょう。舞人は新しく造られた銅鐸を鉾などに吊り下げて持ち、福をもたらす正月の歳神《としがみ》となって、舞ったことでしょう。弥生時代の稲作農耕を基盤にした暮らしの中で、村の祠《ほこら》や社《やしろ》のような神聖な場所に置き、豊穣や豊漁を祈願する折々の祭祀の祭器として、あるいは死者を見送るときの祭器として用いられ、祭事を知らせる合図や祭事中などに鳴らされたことでしょう。そして一年の役目を終えた旧銅鐸は丘や山の「霊場」の土の中に埋められたのでしょう。

銅鐸は湖の湖辺や川の河原からも出土しています。

銅鐸は褐鉄鉱を根に生じさせる禾本科の植物が生育しそうな湖の湖辺や川の河原で、銅鐸を鳴らして、植物の霊を呼び寄せ、銅鐸を割って地中に埋納して、禾本科などの植物の繁殖や農作物の生育の促進を祈ったのでしょう。前述のように、銅鐸に限らず祭祀品を割って埋める行為は、神道のタマフリに通じる「霊性を高める」儀式なのです。銅鐸の原形は鳴石《なりいし》で、「銅鐸の原形」で解説しています。

銅鐸の綾杉文《あやすぎもん》、鋸歯文《きょしもん》などの文様は太陽の光を、渦巻文《うずまきもん》の文様は太陽を描いたものと見ています。それら太陽をモチーフにしたデザインは「天的宗儀」の宗教観を表したものというよりは、弥生人の「太陽の恵み」に感謝する「地的宗儀」の宗教観に起因するものと見ています。

銅鐸の使用方法

銅鐸は、銅鐸の最上部に付いた鈕《ちゅう》の下部、及び側面にひもで長期間吊るされたことによる摩滅と考えられる痕や、内部の尖った箇所に鹿角製の「舌《ぜっ》」が当たったためにできたと思われる損傷が確認される銅鐸があります。銅鐸は鈕の内側にひもなどを通して吊るし、舞上面に開けられた穴から木や石など硬い物を垂らして胴体部分、あるいは内面突帯に当てることで音を鳴らしたと考えられます。つまり銅鐸は、西洋の教会の鐘のように、鐘を揺すったり、振るなどして音が鳴らされたのでしょう。

銅鐸の鈕と舞

音量はさほど大きくはなく、例えば、「祇園精舎の鐘」にイメージされるような、心を鎮め、和ませる神聖な響きだったことでしょう。伊都国博物館に復元展示されている銅鐸を鳴らしたことがありますが、音は涼やかな響きでした。

銅鐸の使用方法でヒントになりそうなものがあります。

○天鈿売命《あめのうずめのみこと》をして真辟葛《まさきのかずら》を以て鬘《かつら》と為し、蘿葛《ひかげ》を以てたすきと為し、笹の葉、飫憩《おけ》の木の葉を以て手草《たくさ》と為し、手に鐸《さなぎ》をつけたる矛を持ちて、石窟戸の前に誓《うけ》槽《ふね》覆せ、庭火を灯し、巧みに俳優《わざおぎ》を作《な》し、相与《あいとも》に歌ひ舞はしむ。（『古語拾遺』）

天目一箇神《あめのまひとつのかみ》が作った鐸を吊り下げた矛を持ち、天照大神が隠れた岩屋戸の前で舞ったのが、天鈿売命です。銅鐸も鉾などの上部に吊り下げて、振って音を鳴らしたものと考えられます。

天目一箇神《あめのまひとつのかみ》は別名、天之麻比止都禰命《あめのまひとつねのみこと》、天久斯麻比止都命《あめのくしまひとつのみこと》です。天照大神が天岩屋戸に隠れた神話に、天目一箇神が刀剣や斧、鉄鐸を作る役を命じられたと記されています。『日本書紀』の「国譲り」に、高皇産霊尊《かみむすびのみこと》により天目一箇神が出雲の神々を祀るための作金者に指名されたという記録があります。

実際に鉄鐸が宝物として伝わっている神社が二社あります。一つは信濃国一の宮諏訪大社の上社、もう一つは信濃国二の宮の小野神社（長野県塩尻市）。二社ともに信濃の神社で、両神社とも祭神は建御名方命《たけみなかたのみこと》。『延喜式』四時祭下の鎮魂祭条に鈴と佐奈伎（鐸）の記録があることから、平安時代までは鈴と鐸が鎮魂《タマフリ》の祭器として使用されていたことがわかります。また諏訪大社の上社では、三月初午の日より神使が各村を巡って行く先々の湛《たた》えで、鉄鐸を振り鳴らす立産神事《みたてまししんじ》という神事が伝承されていました。信濃国は建御雷神との対戦で負けた建御名方神が逃げた地です。信濃国も「葦原国」で、出雲型「地的宗儀」の祭祀を営む地だったことでしょう。

銅鐸の原形

銅鐸の原形は何だったのでしょうか？

それは葦や茅や薦などの禾本科の植物の根から作られる「鳴石《なりいし》」でした。弥生時代の人々は暮らしに役に立つ禾本科の植物の生産を促進させるために、「鳴石」（「鈴石《すずいし》」と置き換えても可）を鳴らして、呪術を行いました。音は神霊の声を聞く思いでした。「鳴石のすず」を振って鳴らすことは、神霊を呼び寄せ、悪霊を祓うと信じられていました。魂を外から揺すって霊魂に活力を与えるとされる「タマフ

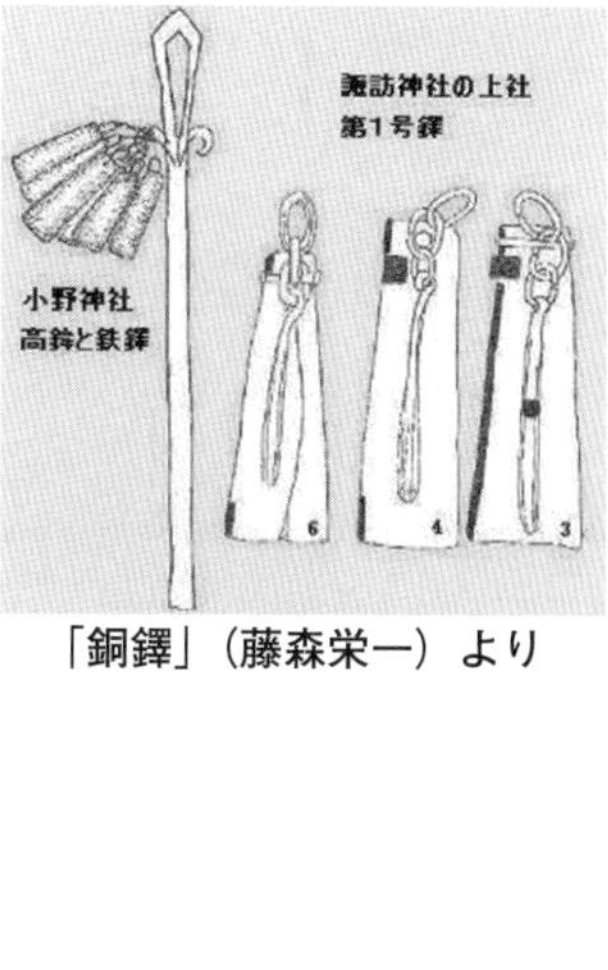

「銅鐸」（藤森栄一）より

リ」を根源とする日本の神社・神宮祭祀の原形がこの時に発生しました。

この「鳴石のすず」を元に祭祀用の祭器として考案されたのが、鐸《さなぎ》でした。鐸には銅鐸と鉄鐸がありますが、その原形が「鳴石」でした。

鳴石から鳴り物の鐸（銅鐸・鉄鐸）や鈴が生まれ、鳴石を振って鳴らしたときの不思議な響きに特別な霊性と霊力を高める呪力を感じ取った古代人が思いついたのが、銅鐸や鏡や剣や土器などの祭祀品の破砕という宗教的行為でした。それは八百万の神々が住む自然が豊かな日本の風土に育まれた日本人特有の宗教観なのです。その宗教観の上にタマフリの思想が育ち、神話ではアメノウズメノ命の乱舞が創作され、はじまりは正月の神事として行われた踏歌《とうか》や猿楽（能）も、タマフリの思想を根本に持つ神事芸能なのです。身近な事例では、神輿のぶつけ合いや日本三大八幡宮の一つ筥崎宮《はこざきぐう》の正月行事の「玉せせり」も、「タマフリ」と見て然るべきの神事の一つなのです。その始原を求めれば祭祀品の破砕、そして鳴石の祭祀に至るのです。

真弓常忠は、『神と祭りの世界』（朱鷺書房）で次のように述べています。

一、祇園祭の粽《ちまき》は、褐鉄鉱が茅萱《ちがや》の根に形成されている形をそのままあらわしている。その葉をもって象形したのが鉾であった。天神祭の鉾流神事《ほこながししんじ》の鉾の原初の姿もここにあった。

二、その茅や薦や葦の葉の部分を形象化したのが祭器の銅鐸、銅剣、銅矛、銅戈だった。

三、正月から六月までの半年間の罪穢《つみけがれ》を祓う夏越しの大祓《おおはらえ》に使用され、それをくぐることにより、疫病や罪穢が祓われるとされる「茅の輪」は、その茅の神霊の力が弥生時代から現在まで、民間信仰で信じられてきたからに他ならない。

どれもが興味深い説ですが、とりわけ一と二は卓見です。弥生時代の人々は霊的な物を模した絵や図形や物も、霊魂が宿るモノとして見ていました。それはいつの時代も、八百万の神々を信仰する日本人が自然に身につけた信仰の形で、広い意味での精霊信仰の宗教観なのです。その宗教観に従えば、外形が祇園祭の粽に似て見える銅鐸は、茅や薦や葦の根に形成された褐鉄鉱（鳴石）までも含めた全形が、祭具の形として考案されたという論も成り立ちます。

銅鐸は北部九州でも出土しています。それらは小型だったり、古い形式の銅鐸だったり、それらの鋳型と言われています。そのことについて奥野正男は「弥生時代中期末の段階で九州北部は最古式の銅鐸制作の中心となり、その第一次の分布圏が岡山以西の横帯文《おうたいもん》銅鐸の出土地域である、という想定が可能ではなかろうか」(『考古学から見た邪馬台国の東遷』)と述べた上で「流水文《りゅうすいもん》銅鏡がつくられる段階で、九州から畿内に銅鐸制作の中心が移動しているという想定がなりたつであろう」と述べています。

弥生時代中期・後期の佐賀県の吉野ケ里遺跡からは、島根県の福田型銅鐸と酷似した銅鐸の鋳型が出土しています。

祇園祭の粽

北部九州の小銅鐸や最古式の銅鐸が「葦原国」の首都の島根県出雲に伝わり、出雲の司祭者が銅鐸を出雲の国の御財《みたから》(神宝)と定めて、多量に生産し、各地の「葦原国」に配布をした結果、それが「威信材」としての効果をもたらし、出雲勢力下の「葦原国」～出雲型「地的宗儀圏」が拡大化したというストーリーが、うっすらと見えてきます。

多くの研究者が指摘しているように「銅鐸の直接的祖先は朝鮮式小銅鐸」で、鳴石から銅鐸への移行には、朝鮮式小銅鐸の存在があった可能性はあると見ています。朝鮮式小銅鐸の形が「茅萱の根に褐鉄鉱が形成された茅萱を束ねた形をそのままあらわした」形と、北部九州の弥生人が見て、鳴石のニューモデルとして小銅鐸を考案し、製造を始めたというストーリーは、十分に起こり得るストーリーです。

北部九州で銅鐸が消滅したのは「天的宗儀」の祭器に淘汰されたから。つまり日神を尊ぶ宗教観が強まったことによると見ています。終末期の銅鐸について「見せる銅鐸と魅せる唐古・鍵遺跡」で解説しています。

第5章

前方後円墳の時代へ

大物主大神《おおものぬしのおおかみ》の妻の倭迹迹日百襲姫命《やまとととびももそひめのみこと》は、朝、大神がうるわしい小さな蛇《おろち》になって櫛《くし》箱に入っているのを見ました。その長さ太さは衣紐《ころもひも》ほどでした。それを見た百襲姫は驚いてさけびました。すると大神は恥じて人の形になりました。そして大神は「おまえにはずかしいめをさせよう」と言って、大空をとんで、三輪山にのぼってしまいました。百襲姫はあおぎぎ見て後悔し、どすんとすわりこんだときに、箸で陰部をついて死んでしまいました。それで大市《おおち》に葬りました。
ときの人は百襲姫の墓を名付けて箸墓《はしはか》と呼びました。墓をつくるとき、ときの人は歌って言いました。「大坂山に人々が並んで登って、沢山の石を手渡しして、渡してゆけば、渡せるだろうなあ」

規格化された前方後円墳の誕生

○ときの人はその墓（倭迹迹日百襲姫命《やまとととびももそひめのみこと》の墓）を名付けて箸墓という。その墓は昼間は人が造り、夜は神が作った。大坂山の石を運んで造った。山から墓に至るまで、人々が連なって、手渡しにして運んだ。

これは纒向遺跡の箸中にある箸墓《はしはか》古墳、又は箸中山《はしなかやま》古墳が築造されたときのことを記した『日本書紀』崇神天皇10年条の記録で、古墳宮内庁により「大市墓《おおいちのはか》」として第7代孝霊《こうれい》天皇皇女の倭迹迹日百襲姫命の墓に治定《じじょう》されています。墳丘長278メートルの大型前方後円墳です。

特殊器台（東京国立博物館所蔵）

　箸墓古墳からは、宮山型特殊器台《みややまがたとくしゅきだい》・特殊壺、最古の埴輪である都月型円筒埴輪《とつきがたえんとうはにわ》が出土しています。埴輪の起源は、弥生時代後期の吉備地方の首長の墓であると考えられている全長約72メートル、円丘の高さ約4.5メートルの楯築墳丘墓《たてつきふんきゅうぼ》から出土する特殊器台・特殊壺であると言われています。楯築墳丘墓は同時期の弥生墳丘墓としては日本最大級です。特殊器台・特殊壺と名付けられた墳墓用の土器は、その形態から古墳の円筒埴輪・朝顔型《あさがおがた》埴輪の起源となることが明らかになっています。

柳田康雄は「出現期の前方後円墳を分析すれば、主体部の構造と副葬品の構成が北部九州、古墳の外形が吉備（岡山）含む瀬戸内地域と深く関わり、近畿地方弥生文化の属性と関わりないことが明晰であろう」（『弥生王権論―イト国からヤマト国へ―』）と、箸墓古墳などの出現期の前方後円墳を分析しています。

この構造は、前述の「建物群があった時代に完成した祭祀形態は、弥生時代後期の北部九州の祭祀形態に、出雲型「地的宗儀」を取り込み、天照大神を国家神として、天つ神と国つ神とを同等に祀った」構造となんら矛盾することはなく、前方後円墳の起源はさておき、墳墓形態を前方後円墳の形態に定めた最大の要因は、奈良県南東部に箸墓古墳をはじめとする前方後円墳を築造した勢力が、とりわけ「天的宗儀」を尊ぶ新興勢力であったことです。かれらは土着の出雲型「地的宗儀」の勢力を勢力下に置き、墳丘に壺や埴輪などを立てて並べるアイデアほか墳墓造りの知恵と技術を得て、彼らの理想の墳墓形態として創作したのが規格化された前方後円墳で、その形は「壺」を象ったものでした。

工法としては、先ず円墳を造り、被葬者を葬ったのちに、神酒を盛る壺の型「壺型」に整えたと見ています。「なぜ壺型なのか」について『神宿る沖ノ島』で解説していますが、ひと言で言えば、壺は『記紀』に書き記されるように、天神地祇《てんじんちぎ》を祀るために優先して造られた祭器であったことや、「地的宗儀」においても「天的宗儀」においても、必要不可欠な祭器であったからです。司祭者は、神様となる死者を旅立たせるのに相応しい墳墓の形は、祭祀品の壺の形が最良の形と考えたのです。

壺型の箸墓古墳

『日本書紀』垂仁天皇32年条によれば、日葉酢媛命《ひばすひめのみこと》の陵墓へ殉死者を埋める代わりに土で作った人馬（埴輪）を立てることを提案したのが、出雲人の野見宿禰《のみのすくね》で、その埴輪を造ったのが、出雲の土部《はじべ》100人とされています。墳墓造りに出雲出身者が関わったことを示す記録です。その後、天皇から野見宿禰を祖先とする土部連が天皇の葬儀を司る職を任されることになります。

出雲の四隅突出型墳丘墓（西谷２号墓）

柳田康雄は「古墳の外形が吉備（岡山）含む瀬戸内地域と深く関わり」と分析していますが、出雲や吉備の四隅突出型墳丘墓《よすみとつしゅつがたふんきゅうぼ》の外形はどうなったのでしょうか？

それは毎年1月1日（元日）の早朝、宮中で天皇陛下が天地四方の神祇を拝する儀式の四方拝《しほうはい》にその思想が受け継がれています。

出雲大社の古伝新嘗祭によれば、夜明け前、禊ぎした後、臼と杵ですりおこした神火で調理した「御酒御饌《みきしんせん》」を天と地の東西南北の四方の神々に捧げ、磐境の祭壇に剣先を上にして剣を立て、酒やご飯などのほか、武器や武具や工具等の、日神に捧げる供物を供えていたそうです。

「磐境の祭壇に剣先を上にして剣を立て」は「天的宗儀」に立脚した天皇家の宗教観を、「御酒御饌を天と地の東西南北の四方の神々に捧げ」は、出雲型「地的宗儀」を重んじる出雲の勢力の宗教観を表していると見ています。出雲大社は天皇家の宗教観を受け入れ（別の言い方をすれば、天皇家の祭祀に従ったが、我々の祭祀も死守した）、崇神天皇の時代「そこで別に八百万の神々を祀った」（『日本書紀』）ときに天皇家は、出雲の勢力の「四方拝」を天皇家の祭祀制度に組み入れたと見ています。

長頸壺型の桜井茶臼山古墳

これは葬儀祭祀にも当てはまることで、弥生時代後期、出雲や吉備の葬儀では、古墳の突出した四隅で、四方の天神地祇に祈りを捧げる儀式が行われたのではないかと見ています。しかしながら結果的に、その特徴ある外形は規格化された前方後円墳には採用されませんでした。

奈良県桜井市に箸墓古墳に後続する時期に造営されたと見られている墳丘長207メートルの巨大な前方後円墳の桜井茶臼山《さくらいちゃうすやま》古墳があります。副葬された破砕鏡の復元作業によって、国内最多の推計81枚以上という膨大な銅鏡が副葬されていたことがわかっています。

副葬品は斜縁二神二獣鏡《しゃえんにしんにじゅうきょう》、方格規矩四神鏡《ほうかくきくししんきょう》、獣帯鏡《じゅうたいきょう》、平縁の神獣鏡各1面、内《ない》行花文鏡《こうかもんきょう》3面、三角縁神獣鏡4種6面、計9種類で少なくとも13面の鏡にヒスイの勾玉、ガラス製の管玉、小玉などの首飾り、鉄刀・鉄剣・銅鏃《どうぞく》などの武器類、碧《へき》玉《ぎょく》製の腕飾《うでかざり》類、そして玉杖《ぎょくじょう》と名付けられた石製品。玉杖を除くすべての副葬品が、宗像大社沖津宮《おきつぐう》のある沖ノ島で古代に、国家的な祭祀が営まれていた岩上祭祀《がんじょうさいし》（4世紀後半〜5世紀）の遺跡から出土した祭祀品と酷似しています。沖ノ島の岩上祭祀遺跡からは、箸墓古墳前方部やホケノ山古墳や桜井茶臼山古墳から出土した二重《にじゅう》口縁壺《こうえんつぼ》が二点出土しています。

桜井茶臼山古墳の後円部の空濠の外には、いつ社殿が建てられたかわからない宗像神社が鎮座しています。この古墳の被葬者の葬送儀礼に、そして少なくとも副葬品の選別に、北部九州の海人《あま》が主導的に関わったことを時を超えて、もの言わぬモノ達が教えてくれています。崇神の時代も続く垂仁の時代も、天皇家の祭祀と葬送儀礼の総指揮官は物部氏でしたから、物部氏は北部九州の祭祀と葬送儀礼を熟知し、その文化の直系の継承者と見ています。

「なぜ墳墓の副葬品と祭祀（神祭り）の出土品が似ているか」については『神宿る沖ノ島』で解説していますが、ひと言で言えば、モガリにおける神祭りによって神を宿らせた祭祀品を、神様の国に向かう死者のために、墓を神霊で充たす目的で副葬したためです。

伊都国王墓と前方後円墳の源流

破鏡《はきょう》（破砕鏡《はさいきょう》）は弥生時代後期から終末期に北部九州の墓でよく見られる副葬品

です。中でもくだくだに破砕された鏡や玉などが出土する墳墓があります。伊都国《いとこく》の女王の墓とされる「平原王墓《ひらばるおうぼ》」には、桜井茶臼山古墳の81面（破鏡）以上という数には及ばないものの、現在わかっているだけで、5枚の巨大な鏡（面径46・5センチの日本最大の大型内行花文鏡）や35面前後の数の鏡が副葬されていて、鏡のみならず、ガラス製の玉類もすべて割られていました。副葬品の種類は、三種の神器すべてが揃った状態な上に、鏡と玉類が非常に多い点で、桜井茶臼山古墳の副葬品や宗像三女神を祀る沖ノ島の岩上祭祀遺跡の出土品と双子のように酷似しています。桜井茶臼山古墳も、あとで話題とするホケノ山古墳も棺《ひつぎ》は平原王墓の被葬者の棺と同じ形式の割竹形木棺と推定されています。この割竹形木棺は女性専用の棺の可能性が高いと見ています。

平原王墓が女王、沖ノ島が女神であることから、

王墓の東側から見た平原王墓

桜井茶臼山古墳の被葬者はおそらく女性で、崇神天皇の妃の御間城姫《みまきひめ》か、崇神天皇の身近な親族で高貴な女性の可能性があります。桜井茶臼山古墳は平原王墓のニューモデルで、岩上祭祀時代の沖ノ島の祭祀と同時代・同族又は同系統の宗教観で造られた古墳と言えるでしょう。

咫《あた》を円周の単位と考えて、直径1尺の円の円周を4咫（0.8尺×4）として「八《や》咫《たの》鏡《かがみ》は、直径2尺(約46センチ)、円周約147センチの鏡を意味する」という説に従えば、平原王墓出土の大型鏡は、直径46・5センチで、外周は鏡の円周の単位で八《や》咫《あた》あることから、八咫鏡と同じ大きさになり、伊勢神宮の神宝「八咫鏡」と同型の鏡になります。

平原王墓のある平原遺跡は弥生時代後期初頭に築かれた5号墳を皮切りに、1号墳（平原王墓）そして2号3号4号墳の5つの墳墓からなる墳丘墓です。

江戸時代の後半、現在、三雲南小路王墓《みくもみなみしょうおうぼ》、井原鑓溝王墓《いわらやりみぞおうぼ》と呼ばれている二つの王墓（伊都国の王の墓と見られています）が発見されました。福岡藩の国学者の青《あお》柳種信《やぎたねのぶ》（一七六六〜一八三六）は、発掘調査の記録を『柳園古器略考《りゅうえんこきりゃくこう》』という著述に次のように記録しています。

○玉はいずれも練物《ねりもの》のようで、粗い。数は甚だ多いが、悉く割れ砕けて甕の中で泥の様であった。

○（重なり合った鏡の間に挟まれた硝子について）砕けて完形ではない。

○（二本の銅鉾について）二口のうち短い方は、折れて三段となっている。

○（鏡35面について）残念なのは、掘り出された際に鋤で砕かれて、百以上の破片となったしまったことで、完形で残るのは僅か二・三面のみである。

玉も鏡も砕かれ、剣は折られて、副葬されていることがわかります。

破鏡は弥生時代後期から終末期の北部九州の墳墓の副葬品にしばしば見られますが、その鏡の数の多さと破鏡の割合の多さで、伊都国の各王墓は突出しています。玉類の破砕も鏡の破砕も剣の折刃も、神霊が

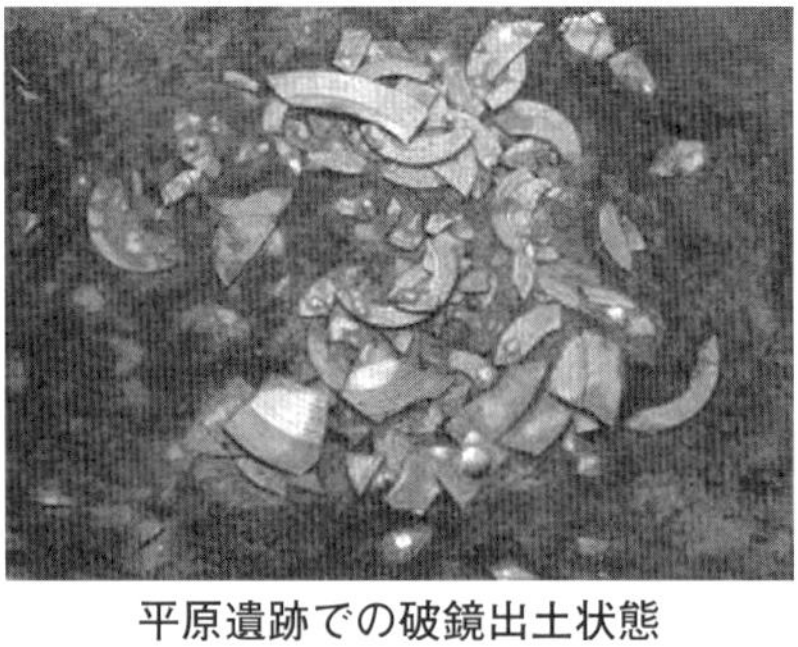

平原遺跡での破鏡出土状態

宿った祭祀品を砕くことで新たな神の顕現を想像したことに始まる新たな命の誕生を祈願して行った宗教的行為。あるいは、それに類する、例えば、霊魂の復活を祈願して行った宗教的行為なのです。

青柳種信は『柳園古器略考』の冒頭で、次のように記録しています。墳墓の表面と甕棺の間の記録です。

○地面を約一メートル弱掘ったところで一本の銅剣が掘り出された。この剣は切《きっ》先《さき》を上にして、立てて地に埋まっていた。またそのそばより一本の銅鉾が見つかった。その形状は板のようであった。また、古鏡四面と、その下に小壺一口があった。壺は土中に逆さまに覆うようにあり、内には朱が詰まっていて、他に物はなかった。

「切先を上にして」の状態は剣に日神を降ろすための祭祀品で、鏡は日神を象った祭祀品そして、甕棺の真上に置かれたのが逆さ向きの小壺。この位置に逆さ小壺を埋納したのは、日神と死者とを結びつける目的があったのではないかと見ています。この小壺がその呪術的な意味を持ちながら、かつその意味を信じる吉備の人達が壺を大きくした円筒形の埴輪を考案し、古墳の聖域を示す造形物になったのではないかと見ています。そういう意味では弥生時代後半、吉備は陸路で出雲文化の影響を受けつつ、それと同時に海路で北部九州文化の影響を受けて、特殊器台や円筒埴輪に代表される瀬戸内型の独自の墳墓造りを生み出したと言えるのではないでしょうか。**埴輪の源流は弥生時代の伊都国王墓の地中に埋納された小壺にあり**、と見ています。

先の桜井茶臼山古墳には埴輪の使用がない代わりに有孔の壺形土器（二重口縁壺形土器）が並べて立てられていました。土器列は一重で、北辺

三雲南小路遺跡王墓（1号墳）地中の復元図。盛り土は奴国の王墓を参考。盛り土は層をなしていることから、祭祀は複数回行われ、祭祀のたびに土を盛ったと考えられる。

で東西10・6メートル、西辺で南北13メートル、壺は北辺で24〜25個、西辺で29〜30個並べられていました。沖ノ島の古代祭祀の研究を通じて、有孔の壺は壺に穴をあけることで、神様が宿っていることを意味づけした祭祀品であることを確信しました。円筒形の埴輪に穴が開いているのはそのためなのです。

三雲南小路王墓1号甕棺から出土した銅剣が、素戔嗚尊が八岐大蛇《やまたのおろち》を退治した際、大蛇の尾から出現した草薙《くさなぎ》の剣《つるぎ》、別称天叢雲剣《あまのむらくものつるぎ》の原形ではないかという説があります。江戸時代中期の神道家の玉木正英《たまきまさひで》が１７２７年に著した『玉籤集《ぎょくせんしゅう》』の裏書に記された、熱田神宮のご神体として祀られている天叢雲剣の形代《かたしろ》の形状と、三雲南小路王墓1号甕棺から出土した銅剣の形状が酷似しています。八咫鏡と共に、伊都国の王統と天皇家との不思議な縁を示すものです。

卑弥呼時代の前後に起こったニギハヤヒの侵攻

『邪馬台国の会』を主宰する古代史研究家の安本美典《やすもとびてん》は、260年から270年に起きた寒冷期（日本産樹木年輪の示す炭素14年代という測定方法のデータ）という気象異変（寒冷期は世界中で争乱や移動を起こりやすく、魏・呉・蜀の三国の内の二国、魏（265年滅亡）と呉（263年滅亡）がこの期間に滅亡）から、「ニギハヤヒの勢力よるの九州から畿内への東遷年代を260年から270年前後、神武天皇の勢力の九州から畿内への東遷年代を280年から290年前後」（『邪馬台国は、銅鐸王国へ東遷した』）と推理しています。

この科学的データを基にした推理は、弥生時代後期後半、それまで北部九州で複数の銅鏡が副葬されていた墳墓が皆無になった時期と合致することから想定し得る合理的な推理です。

民俗学者の谷川建一は、『白鳥伝説』（集英社）で「物部氏は九州から畿内へと東遷したと考えている。その時期は、倭国が大乱に見舞われた弥生中期後半頃と考えるのがもっとも妥当である。《中略》倭国の大乱をとおして倭国内部の政治社会は再編成されていったと見ることができる。物部氏の東遷はその過程でおこなわれた」と推理しています。

2世紀半ばから後半か3世紀初頭に倭国で起きたとされる倭国大乱《わこくたいらん》について『魏志倭人伝』は「30カ国に分かれていた倭国は、70～80年の間戦争状態だった」と伝えています。また「争いを収めるために、国々が共に立てた女王が卑弥呼」と伝えています。

弥生時代中期、北部九州の奴国で生産された青銅器類は、韓国、対馬、北部・中部九州、四国・中国そして関西などへ広く流通していました。弥生時代後期は北部九州と畿内を結ぶ瀬戸内海の海路はかなり拓けていたことでしょう。

倭国大乱の時代に、長引く大乱に押し出されるように北部九州の物部氏、つまりニギハヤヒの勢力が畿内に侵攻したという仮説もあり得る一方で、260年から270年に起きた寒冷期に、ニギハヤヒの勢力の残りの勢力が畿内に侵攻したという仮説もあり得ます。寒冷期は「倭国は以前と同じ様に男王を立てたが、男王では国中は治らず争いが続き、お互いに千人以上の人々を殺し合った」（『魏志倭人伝』）時期と見ています。

ニギハヤヒの勢力の北部九州からの畿内への侵攻の時期について、二人の学者の推論を整理しましょう。

一、倭国大乱の時代に起こり、寒冷期後の280年から290年前後に神武の東征があった。

二、寒冷期の時代に起こり、寒冷期後の280年から290年前後に神武の東征があった。

三、倭国大乱の時代と寒冷期の時代に二度起こり、寒冷期後の280年から290年前後に神武の東征があった。

三は一と二の折衷説ですが、わたしは三だっただろうと見ています。

畿内の遺跡の出土品から見えてくるヤマトの弥生文化は後期ギリギリまで、北部九州の弥生文化の影響があまり感じられないものです。遺跡の出土品の世界は出雲型「地的宗儀」のままなのです。墳墓の副葬品の世界は古墳時代の幕開けとともに、「天的宗儀」へと梶が切り替えられています。言い換えれば、ヤマトは弥生時代の後期ギリギリまで卑弥呼の鬼道とは無縁の地域だったということです。

倭国大乱の時代に畿内に侵攻したニギハヤヒの勢力は、卑弥呼の時代以前の「青銅器主流時代」の勢力です。卑弥呼による鬼道〜太陽神信仰の時代を迎える以前の、信仰的には「天的宗儀」より「地的宗儀」が優勢な勢力なのです。かれらは畿内の弥生文化に同化するように移り住んだであろうことを畿内で発掘された遺物の数々が教えてくれています。かれらは大きな集団で畿内へと侵攻し、後に解説する唐《から》古《こ》・鍵《かぎ》遺跡（奈良県磯城郡田原本町）のような集落を拠点に、あるいは大小様々な集団で畿内各地へと侵攻し、「郷に入らずんば郷に従え」の精神で、地域の文化にとけ込むような生き方で、各地に定着していったと見ています。先住者の集落で先住者と共住した場合には、新しい知恵と豊かな知識と経験と技術力などにより、その集落でやがてリーダー的な地位に就いたのではないでしょうか。

260年から270年の寒冷期に畿内に侵攻したニギハヤヒの勢力は、卑弥呼の時代以後の卑弥呼の鬼道の洗礼を受けた勢力で「鉄器時代」の勢力です。それは国家的規模の侵攻だったと見ています。その時期は前述のように、弥生時代後期後半、それまで北部九州で複数の銅鏡が副葬されていた墳墓が皆無になった時期と合致することから、北部九州で国家的規模の大移動が勃発したと見られるからです。

『先代旧事本紀』のニギハヤヒに関するデータを重要参考資料として、ニギハヤヒの勢力を見てみましょう。
ニギハヤヒに随伴したのは「三十二人の防衛、五部人、五部造、天物部等二十五部人、船長」とされています。各集団は、次のような任務とされています。
三十二人の防衛は「防衛として天降り供へ奉る」
五部人は「五部人を副へ従と為して天降り供へ奉る」
五部造は「五部造、伴領と為て天物部を率て天降り供へ奉る」
天物部等二十五部人は「天物部等、二十五部人、同じく兵仗を帯びて天降り供へ奉る」
船長は「船長、同じく梶取等を率領て天降り供へ奉る」
『先代旧事本紀』の資料では、ニギハヤヒに随伴した集団は、新天地で侵攻し、祭祀を行い、戦い、国を建てて、生活を営むのに必要不可欠と思われる職種の集団で構成されています。また随伴者の出自地と推定される地名は、記載されているものに限れば、北部九州と近畿が目立って多く、現在の九州南部（熊本県。宮崎県、鹿児島県）を出自とする随伴者は見られません。

《三十二人の防衛（防衛として天降り供へ奉る）》

天香語山命　尾張連等の祖　名古屋市熱田区高蔵町

天鈿売命　猿女君等の祖

太玉命　忌部首等の祖

天児屋命　中臣連等の祖　東大阪市出雲井町

天櫛玉命　鴨県主等の祖

天道根命　川瀬造等の祖

天神玉命　三嶋県主等の祖　大阪府茨木市、兵庫県龍野市

天椹野命　中跡直等の祖

天糠戸命　鏡作連等の祖　奈良県磯城郡田原本町

天明玉命　玉作連等の祖

天村雲命　度会神主等の祖　三重県伊勢市、伊勢市豊川町

天神立命　山背久我直等の祖

天御陰命　凡河内直等の祖
天造日女命　安曇連等の祖
天世乎命　久我直等の祖
天斗麻禰命　額田部湯坐連等の祖
天背男命　尾張中嶋海部直等の祖　愛知県稲沢市
天玉櫛彦命　間人連等の祖
天湯津彦命　安芸国造等の祖　広島県比婆郡高野町
天神魂命　葛野鴨県主等の祖
天日神命　対馬県主等の祖　長崎県下県郡
天三降命　豊国宇佐国造等の祖　大分県大野郡千歳村
乳速日命　広湍神麻続連等の祖
八坂彦命　伊勢神麻続連等の祖　三重県松阪市
伊佐布魂命　倭文連等の祖
伊岐志邇保命　山城国造等の祖

活玉命　新田部直等の祖
少彦根命　鳥取連等の祖　大阪府阪南市、大阪府柏原市、滋賀県水口町、
事湯彦命　畝尾連等の祖
八意思兼神の児表春命　信乃阿智祝部等の祖
下春命　武蔵秩父国造等の祖　神奈川県厚木市
月神命　壱岐県主等の祖　長崎県壱岐郡芦辺町
《五部人（五部人を副へ従と為して天降り供へ奉る）》
物部造等の祖　天津麻良
笠縫部等の祖　天勇蘇天蘇蘇東成区深江南、大和国城下郡笠縫（奈良県桜井市？）
為奈部等の祖　天津赤占箕面市、大阪府池田市、伊勢国員弁郡、三重県員弁郡東京
都西多摩郡八日市町伊奈
十市部首等の祖　富富侶大和国十市郡、筑前国鞍手郡十市郷、筑後国三宅郡十市郷
筑紫弦田部等の祖　天津赤星筑前国鞍手郡鶴田、大和国平群郡鶴田、筑後国御井郡
《五部造（五部造、伴領と為て天物部を率て天降り供へ奉る）》

二田造　和泉郡二田、大阪府泉大津市
大庭造　大阪府堺市
舍人造　東大阪市出雲井町
勇蘇造　蘇蘇造
坂戸造　大阪府富田林市、古市郡尺度郷、羽曳野市
《天物部等二十五部人（天物部等、二十五部人、同じく兵仗を帯びて天降り供へ奉る）》
二田物部　和泉郡二田、新潟県刈羽郡
當麻物部　大和国葛下郡、肥後国益城郡当麻郷、奈良県香芝市
芹田物部　大和国城上郡、城下郡、平群郡
鳥見物部　もしくは馬見物部福岡県嘉穂郡嘉穂町、奈良県大和高田市
横田物部　大和国添上郡
嶋戸物部　福岡県遠賀郡岡垣町、福岡県遠賀郡芦屋町
浮田物部　筑紫国遠賀郡、近江国高島郡

巷宜物部もしくは菴宜物部　伊勢国菴宣郡、土佐国香美郡宗我物部
疋田物部　奈良県櫻井市、香川県大川郡引田町、鳥取県八頭郡河原町曳田
福井県敦賀市引田、東京都秋川市引田？
須尺物部もしくは酒人物部　東生郡酒人
田尻物部　和泉郡田尻、筑前国三池郡田尻
赤間物部　筑前国宗像郡赤間、長門国豊浦郡赤間
久米物部　堺市遠里小野町、伊予国久米郡
狭竹物部　筑前国鞍手郡、常陸国久慈郡、茨城県常陸太田市
大豆物部　旧五個荘村大字大豆塚、肥前国三根郡、大和国廣瀬郡大豆村
肩野物部　大阪府枚方市、大阪府交野市、美作国久米郡
羽束物部　有馬郡羽束郷、山城国乙訓郡
尋津物部　住吉郡敷津村、大和国城上郡尋津
布都留物部　淡路国三原郡
経迹物部もしくは住道物部　大阪市住吉区、東住吉区

讃岐三野物部　大阪府八尾市、讃岐国三野郡
相槻物部　大和国十市郡両槻
筑紫聞物部　豊前国企救郡、大分県直入郡
播磨物部　西長居町小字播磨田、神戸市垂水区、神戸市西区
筑紫贄田物部　福岡県鞍手郡鞍手
《船長（船長、同じく梶取等を率領て天降り供へ奉る）》
船長跡部首人等の祖　大阪府八尾市
梶取阿刀造等の祖　摂津国神別阿刀連、和泉国神別阿刀連、山城国葛野郡、
伊勢国員弁郡阿刀野
船子倭鍛師等の祖　大阪府茨木市、鏡作坐天照御魂神社奈良県田原本町
笠縫等の祖
曾曾笠縫等の祖
為奈部等の祖
（出来るだけ現在の地名に置き換えています）

データに多少の誇張があったとしても、このデータが示す内容は国家的規模の大移動に相応しい一団です。

これまでに見てきたようにヤマトの弥生文化と北部九州の状況から見て、神武の東征に先立ち、アマテラスから十種の神宝を授かり天磐船に乗って河内国の河上の地に天降ったとされるニギハヤヒの勢力は卑弥呼の鬼道の洗礼を受けた後発の勢力で、畿内への侵攻は、この時期と見て間違いないでしょう。

随伴者の出自地と推定される地名が北部九州とともに近畿が多いということは、何を意味しているのでしょうか?

それは卑弥呼の時代前に畿内に侵攻したニギハヤヒの勢力の広がりを表すものではないでしょうか。つまり、河内国の河上の地に天降ったとされる卑弥呼の鬼道の洗礼を受けた後発のニギハヤヒの勢力は、畿内以西の北部九州の物部氏率いる勢力で、河内国に侵攻したのち、畿内各地で勢力を伸ばしていたニギハヤヒの勢力と合流または連携をし、ニギハヤヒの勢力圏を強固にし、さらに拡大を図ったのではないかと見ています。

ニギハヤヒの命とは一体何者なのでしょうか？

弥生時代中期、奴国～須玖岡本遺跡《すぐおかもと》（福岡県春日市）の丘陵の北側平野部一体は、青銅器や鉄器、ガラス製品を生産していた国内最大級の工房（テクノポリス）がありました。このテクノポリスは、東西1キロ、南北2キロの範囲で一つの大集落と考えられ、「須玖遺跡群」と呼ばれています。

戦乱が起きて、攻撃の的となるのは国の重要施設です。倭国大乱の時代も然りだったことでしょう。多くの工人が難を逃れようとしたことでしょう。ニギハヤヒの命は、奴国のテクノポリスで働いていた工人集団の政治的（＝宗教的）なリーダーか、その集団の氏神《うじがみ》にあたる人物で、伝説の中で、時に集団の名称にも、時に集団に属する個人やその子孫の名称にもなったのではないか、というのがわたしの推理です。

倭国大乱の時代の先発のニギハヤヒの勢力は、奴国の青銅器工人集団を中心にテクノポリスの労働者とその家族で構成された勢力で、寒冷期の時代の後発のニギハヤヒの勢力は、倭国大乱で北部九州と畿内を中心に、日本列島各地に分散した先発のニギハヤヒの勢力の子孫達で組織された勢力で、鉄器時代に入った北部九州の物部氏が畿内への侵攻を主導したのではないかと見ています。そう読むことで、考古学の成果と符合すると見るからです。

見せる銅鐸と魅せる唐古・鍵遺跡

纒向遺跡から約5キロ北西に位置する場所に、弥生時代前期から古墳時代前期まで営まれた環濠集落遺跡の唐古《からこ》・鍵《かぎ》遺跡（奈良県磯城郡田原本町）があります。

この唐古・鍵遺跡は奈良盆地の中央部にあって、古代であれば河内湖《かわちこ》から大和川《やまとがわ》をさかのぼって纒向に至る途中に位置し、3か所の居住域の周りには大環濠を掘られ、約17ヘクタール（東京ドーム約4個分弱）に及ぶ大環濠は幅8メートル以上、深さ2メートル、そしてその大環濠を囲むように幅4～5メートルの環濠が4～5重に巡らされるという、まるで未来都市的な「多重運河の大集落」なのです。地球上に文明が興って現在まで、これほど多くの運河が巡らされた場所は、他にはないのではないでしょうか。

これまでの発掘調査で、弥生時代中期に銅鐸などの青銅器鋳造関連遺物や炉跡、それに土器の出土数は多数で、西は吉備、北は近江、東は伊勢湾地域などからの搬入土器が確認されています。珍しいものでは、褐鉄鉱の鳴石《なりいし》が出土しています。鳴石の空洞には新潟県姫川《ひめかわ》流域産の翡翠《ひすい》の勾玉が二個入っていました。前の「銅鐸の原形」で解説したように、鳴石を振って鳴らすと、神霊を呼び寄せ、悪霊を祓い、水辺に埋納すると、禾本科などの植物の生育の促進や農作物の生育の促進を促すと信じられていました。この勾玉入りの鳴石は鳴石の特別製で、おそらく古代の正月、あるいは葬儀で、またあるいは飢饉や大災害に見舞われたときに執り行われる、今で言えば厄払いのような特別な祭祀で使用されたものと見ています。

この鳴石について、古代中国の神仙思想に基づく仙薬と見る説があります。古代ロマンをふくらませる見識ある着

ヒスイの勾玉が入った褐鉄鋼の鳴石

眼点には敬意を表しますが、すぐさま受け入れられる説ではありません。

これら弥生時代中期の遺物は、出雲型「地的宗儀圏」の遺物で、纒向遺跡の祭祀土坑時代の地勢的・文化的特性と重なるもので、纒向遺跡の祭祀土坑の祭場は、この集落で暮らす人達が多かれ少なかれ関わっていたと考えられます。

中期後半に洪水により環濠が埋没したのち、中期後半から後期末にかけて環濠集落が再建され、環濠帯の広さは最大規模となり、遺物量も増大します。集落南部で後期初頭のものと見られる銅鐸の鋳型（石型1点、土型多数）、鞴《ふいご》羽口《はぐち》、坩堝《るつぼ》などが確認

唐古・鍵遺跡の想像復元図

されています。銅鐸の鋳型は外縁付鈕式《がいえんつきちゅうしき》か扁平鈕式《へんぺいちゅうしき》と報告されています。その他、高さが73センチもある吉備製の大型器台や大壺も出土しています。

この時代、大環濠に加えて4〜5重もの運河を造った一番の理由は、崇神天皇の瑞籬宮《みずかきのみや》の水路と同様に水害対策だったことでしょう。多重運河は、水害の怖さを知るこの集落で暮らす人々の切実な思いが造らせた究極の芸術作品なのであるのと同時に、運河には様々な生き物が生息し、魚釣りをする人、運河で水遊びをする人など居住者に豊かな暮らしをもたらしたことでしょう。また多重運河は、要塞の役目も果たしたことでしょう。そのある意味、環境にも優しい芸術作品を創り得たのは、集落で共に暮らし始めたニギハヤヒの勢力の新しい知恵と豊かな知識と経験と技術力と集落先住者の知恵と労働力が大きかったのではないかと見ています。

前述の『先代旧事本紀』の随伴者の中に、唐古・鍵遺跡が出自地と見られる鏡作連《かがみづくりのむらじ》等の祖の天糠戸命《あめのぬかどのみこと》と船子《ふなこ》倭鍛師《やまとのかぬち》等の祖の二人（二グループ）が見られることから、唐古・鍵遺跡に侵攻したニギハヤヒの勢力は、卑弥呼の時代前、倭国大乱の頃に北部九州から侵攻してきた勢力と見られます。

銅鐸の研究はかなり進んでいます。終末期の銅鐸である近畿式銅鐸・三遠式《さんえんしき》銅鐸は、「見る銅鐸」と呼ばれています。特に滋賀県・愛知県・静岡県で多数出土して、島根県からの出土例はありません。

安本美典は終末期の銅鐸について、次のように分析しています。

○畿内の中央と言える奈良県に、終末期銅鐸がすくないのはなぜだろうか。奈良県を取り囲む和歌山県、大阪府、滋賀県などからは、かなりな終末期銅鐸が出土しているのである。奈良県は、大和朝廷がはじまってから、大発展をとげた地域であると私は思う。三世紀の邪馬台国時代は、なお辺鄙な場所であったようである。見せびらかすための『威信材』であり、権力のシンボルである銅鐸を静岡県などの『前線』に送る必要もあったのであろう。

終末期銅鐸の銅原料には北部九州で主に分布する小

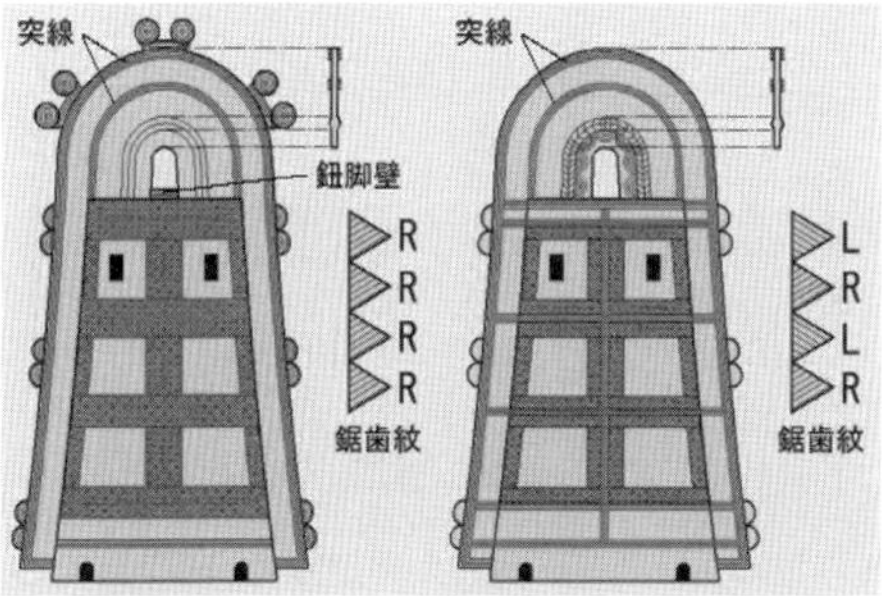

突線鈕式（近畿式）　突線鈕式（三遠式）

型仿製鏡《ぼうせいきょう》や広形銅矛《ひろがたどうぼこ》や広型銅戈《ひろがたどうか》と同じ銅原料が使われていることが、銅に含まれる鉛の同位対比の分析からがわかっています。(『邪馬台国は、銅鐸王国へ東遷した』)
倭国大乱の頃に北部九州(わたしの推理では奴国)を出発し、畿内の入口の河内湖から船で大和川をさかのぼって唐古・鍵遺跡の集落まで侵攻してきたニギハヤヒの勢力は、埋没した集落を新時代の「多重運河の大集落」として大復興させ、その場所を交易の拠点にして、(おそらく銅鐸を御財《みたから》として)出雲が築き上げていた勢力圏と重なる地域、特に東方の地域で終末期の「見せる銅鐸」を配布し、そのいわば文化力で、出雲の勢力に取って代わって、ニギハヤヒの勢力圏を拡大させたのではないかと見ています。ここでも「国譲り」の構図が見え隠れします。
終末期の銅鐸の工房施設はまだ見つかっていません。おそらく今後も見つからないでしょう。そこで考えられるストーリーは、こうです。
環濠帯の規模の拡張と遺物量の増大は、居住者の人口増をモノ語っています。集落は居住者専用区域とし、北部九州の奴国に見られるように、鉛公害を引き起こしかねない青銅器工房施設は他所に設けた。弥生時代後期初頭のものと見られる旧式の銅鐸の鋳型は、先住者が銅鐸の鋳造に使っていたもので、ニギハヤヒの勢力が廃絶した。ニギハヤヒの勢力の誰かが吉備製の大壺を見て、超大型で見栄えのする銅鐸のニューモデルを造ってはどうかと提案した。墳丘や土器など大型志向の出雲や吉備の文化の影響を受けた先住者は、もろ手を上げて賛成した。

銅原料はとりあえずは祭祀用に持っていた青銅器を再利用して、銅鐸を鋳造することにし、足りなくなったら、ニギハヤヒの勢力が故郷の北部九州から銅原料を調達することにした。新たに他所に設けた工房で、ニューモデルの「見せる銅鐸」の鋳造が始まった。完成品にだれもが満足した。「見せる銅鐸」は「威信材」として勢力圏を広げるのに使ったが、結果的に物々交換の最高級品にもなった。

そんな「見せる銅鐸」の物語が浮かび上がってきます。

畿内へと侵攻したニギハヤヒの勢力は、政治的な勢力というよりは、工人を中心にした労働者とその家族で構成された勢力で、畿内への侵攻は「侵攻」というよりは、新天地への「入植・共住」に近かったのではないかと見ています。ニギハヤヒの勢力がこの集落に侵攻してきたのが遺跡埋没後、復興過程の途上であったとしたら、かれらの高い技術力と労働力は、集落の先住者にとっては「救いの神」「天の助け」にも思えたことでしょう。見たこともないような新技術を備えた船や航行する船の速さなどには、目を見張ったことでしょう。

集落の先住者が既に青銅器鋳造の技術を弥生時代中期に持っていたことは、出土した遺物が証明しています。だからこそ、同じ工人としてニギハヤヒの勢力の工人の青銅器鋳造の技術の高さに目を丸くもしたことでしょう。ニギハヤヒの勢力と先住者はそれぞれの特技を活かし協働で、集落の復興を行ったのではないでしょうか。新住民と旧住民が親しくなったり、結婚することもあったことでしょう。

終末期の銅鐸が「威信材」として効力を発揮したのは、目に見えています。なぜなら、終末期の銅鐸が分布している地域は、弥生時代後期初頭までの銅鐸の分布地と重なっていて、既に銅鐸を重要な祭器としていた集落の霊場に「見せる銅鐸」を恭しく奉納すれば、その効果は抜群であろうからです。その集落の誰もが家族を引き連れて「見せる銅鐸」を拝みにくることでしょう。その噂は近隣の集落にも飛び火したかもしれません。

そしてもし、奉納先の人達が遠方から唐古・鍵遺跡の「多重運河の大集落」を船で訪れたとします。その景観を見るや、桃源郷ほどに思えたことでしょう。それは遠方からの訪問者だけではなく、奈良盆地南東部で暮らす人達にもそう思わせ、郷土の自慢としたことでしょう。

弥生時代、奈良盆地の集落遺跡は、盆地の南東部に集中しています。各集落は3～4キロメートル離れた至近距離にあって、唐古・鍵遺跡は遺跡エリアのほぼ北端に位置しています。唐古・鍵遺跡の大集落には遺跡エリアの集落で暮らす人達が小舟で集まり、にぎわいをみせたでしょう。おのずと水運が発達したでしょう。人が集まれば物々交換の場になり、新たな文化が芽生えて育まれ、集落は活気づき、富も蓄積し、それは唐古・鍵遺跡の集落のみならず、近隣の集落の暮らしをもうるおすことになったでしょう。

260年から270年には寒冷期の異常気象で、農作物の収穫が激減し、集落は疲弊したことでしょう。その頃に畿内に侵攻してきたのが、卑弥呼の鬼道の洗礼を受けた後発のニギハヤヒの勢力と見ています。製鉄や土木工事の技術を持つかれらは、先発の勢力と唐古・鍵遺跡があった集落で合流し、集落の再建と発展に寄与し、集落の統治権を掌握し、先発の勢力が築き上げた勢力圏を強固にし、さらに拡大を図ったのではないかと見ています。

見せる銅鐸と魅せる「多重運河の大集落」の効力と効果を身をもって知ったニギハヤヒの新旧の勢力は、神武の勢力がヤマトに侵攻してくる以前に、円形周溝墓を基に「壺型」の前方後円墳を考案し、築造していた可能性が極めて高いと見ています。なぜなら、後発のニギハヤヒの勢力は日神祭祀集団の性格を強く持っていたからです。銅鐸は、神武の勢力が朝鮮半島からもたらされた鈴に取って代わられ、表舞台からは姿を消すことになります。

古墳時代の遺跡から子持勾玉《こもちまがたま》と巫女形埴輪《みこがたはにわ》が出土して

子持勾玉

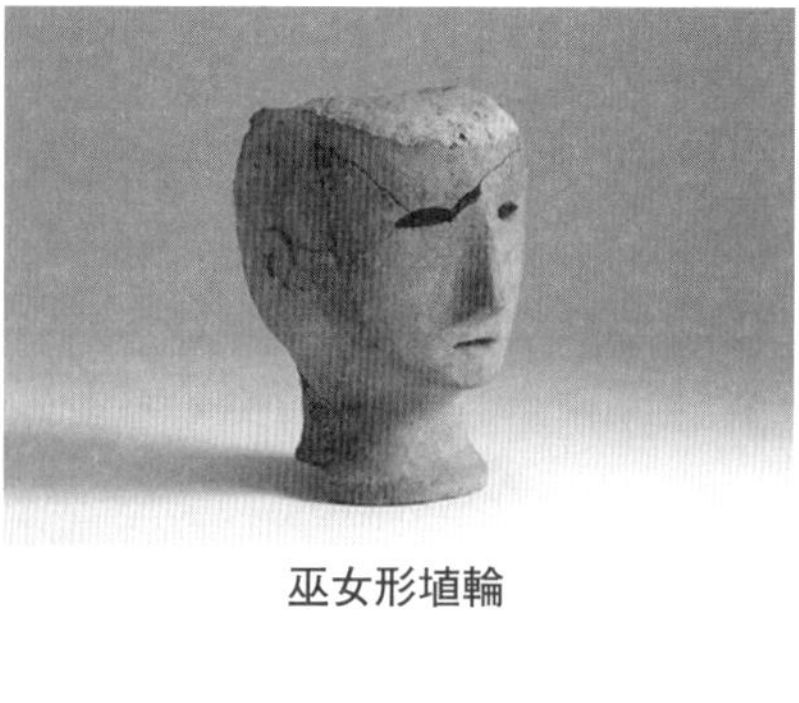

巫女形埴輪

います。沖ノ島の古代祭祀遺跡の研究を通じて見えてきたのは、「子持勾玉は冬至の頃の新年を迎える祭りのときにのみ用いられた迎春・正月用呪具ではなかったか。そしてそれは、正月に供える二段重ねの鏡餅と同じ着想ではなかったか」ということでした（勾玉について「神武の勢力と神仙思想と太陽神信仰」で解説）。三輪山山頂と纒向の延長線上に位置する唐古・鍵遺跡は、纒向同様「冬至と日の出」のキーワードに当てはまり、遺跡では、古墳時代に巫女による新嘗《にいなめ》の祭事が執り行われていたと見ています。それらの遺物は「天的宗儀」への完全移行を教えてくれる物証です。

建物群の時代と見えてきた歴史

話を遺跡の建物群に戻しましょう。
纒向遺跡で建物群が建てられた時代が確実にわかるものはないのでしょうか？
建物Bの北側の柵列の抜き取り穴内から二重口縁壺《にじゅうこうえんつぼ》と小形丸底壺《こがたまるぞこつぼ》が出土していま

す。土器類は建物を建てる際に行われた祭祀に使われた祭祀品ですから、時代を計るのに誤差の少ない物証です。二重口縁壺は箸墓古墳前方部やホケノ山古墳や桜井茶臼山古墳からも出土しています。小形丸底壺は奈良県桜井市のホケノ山古墳や桜井市のメスリ山古墳（4世紀後半の築造と考えられる）から出土しています。桜井茶臼山古墳は「4世紀中葉ごろの築造と考えられる」（東京堂出版刊『日本古墳大辞典』）古墳です。

奈良県立橿原考古学研究所の奥山誠義によって行われたホケノ山古墳中心埋葬施設から出土した二点の小枝試料による測定によれば、4世紀である確立が68・2％および84・3％という数値が出て、4世紀の古墳である

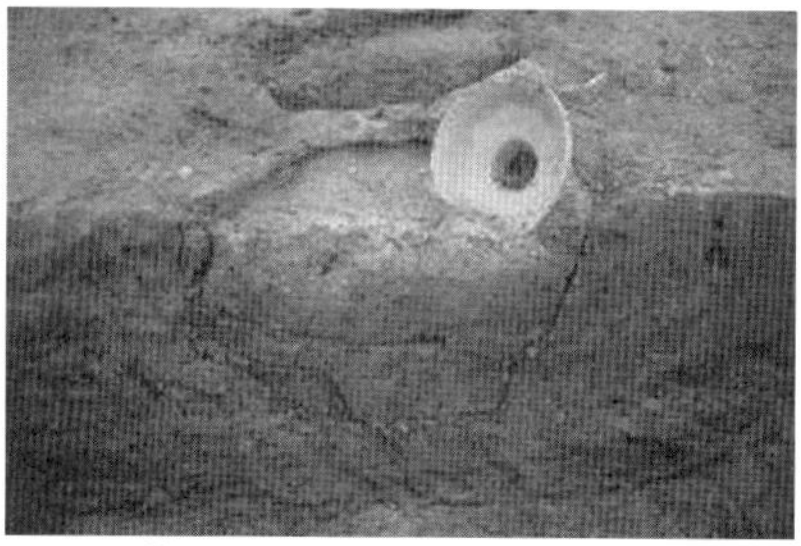

抜き取り穴内の二重口縁壺

抜き取り穴内の小形丸底鉢

確立が高いという結果が報告されています。

円筒埴輪の編年に基づき、桜井茶臼山古墳の円筒埴輪の編年を行った考古学者の川西宏幸によれば、桜井茶臼山古墳は330年～360年という年代が報告されています。

小形丸底壺は宗像大社沖津宮のある沖ノ島で古代に営まれていた岩上祭祀《がんじょうさいし》（4世紀後半～5世紀）の遺跡からも出土しています。古代祭祀の視点から考察した結果、建物群が存在した時代は、纒向遺跡のある奈良盆地の南東部にニューモデルの「魅せる前方後円墳」が築造された時期ということになります。

もう一つの重要な遺構である祭祀土坑が営まれた時代は、桃の種の測定結果から西暦135年から230年の間と見られています。

『纒向遺跡発掘調査概要報告書』は大型祭祀土坑について「土坑は建物群の解体時に執り行われたマツリの痕跡と考えている」という見解を示しています。この推測された見解に従えば、西暦135年から230年の間に営まれていたと見られる祭祀土坑の時代以前に、「国譲り」後の神社を併設した崇神天皇の宮殿が存在していたことになります。古代祭祀の視点から見れば、弥生時代後期に営まれた先住者達による祭祀土坑の時代が先で、「国譲り」後に崇神天皇の宮として建てられた建物群の時代が後であることは、疑いようがありません。わかりやすく言えば、建物群の時代を文明開花して欧米化が進んだ明治時代とすれば、祭祀土坑の時代はまだチョンマゲをしていた江戸時代です。祭祀土坑の時代と建物群の時代とは、それくらい文化的に差があるのです。

後発のニギハヤヒの勢力の力が纒向に及んだ260年から270年頃に土坑祭祀は終盤を迎え、崇神天皇の時代になって、**土に埋まった土坑祭祀上に神域を囲う柵を巡らせたと考えるのが常識的な見方**と思うのですが、いかがでしょうか。崇神天皇はその柵内に宮を築造し、続く垂仁・景行両天皇も同じ纒向の神浅地原で、崇神の宮を建て替えて宮を営んだと見ています。

卑弥呼の鬼道の洗礼を受けた後発のニギハヤヒの勢力によるヤマトへの侵攻によって、祭祀土坑の時代は終わりを遂げ、神武の勢力がヤマトに東征したと見られる280年から290年頃、神武の勢力がヤマトの地で勢力基盤を築き、世代交代にかかる時間と崇神天皇が成長して都を築くまでの日数を、最低20~30年と計算して加えれば、建物群が建てられた崇神天皇の時代は4世紀初めとなって、大塚初重・小林三郎・熊野正也の共同編集による『日本古墳大辞典』（1989年　東京堂出版）ほかにより推定された桜井茶臼山古墳などの築造推定年代は、歴史の時間的な流れに大方沿うものです。

纒向地域の前方後円墳の築造年代や土器の年代については、不幸にも研究者によって編年が大きく異なっています。箸墓古墳から出土した桃の種の炭素14年代の測定結果をもとに、桃の種の年代を数理考古学者の新井宏が確立という形で計算して出された結果があります。その結果、桃の種の年代は西暦300年以後の確立が84・8％以上、西暦350年以後の確立が76・7％以上という数値が出て「四世紀であるものの確立が高い」と出たそうです。この科学的な根拠に基づくと思われる計算結果も、歴史の時間的な流れに大方沿うものです。

これらの推定年代から纒向遺跡の大型建物の建造年代を推定しようとすれば、「3世紀中頃を含めてそれ以前」と考えられた大型建物は、「**4世紀中頃を含めてそれ以前**」の建物と見るのが妥当ということになります。

「第2代から第9代天皇の国譲り」で推理したように、神武の東征後に生まれた第2代綏《すい》靖《ぜい》天皇が神武の御子であることはわかりますが、第3代から第9代までの天皇も神武の御子で、崇神の父や叔父だったとした場合、神武の東征のときの神武の年齢は45歳とされていますから、御子達は十分に戦える年齢に達していたことを考え合わせれば、わたしが可能性があると見て推理する「神武の孫」の崇神は4世紀初めには成人していたと見て然るべきです。

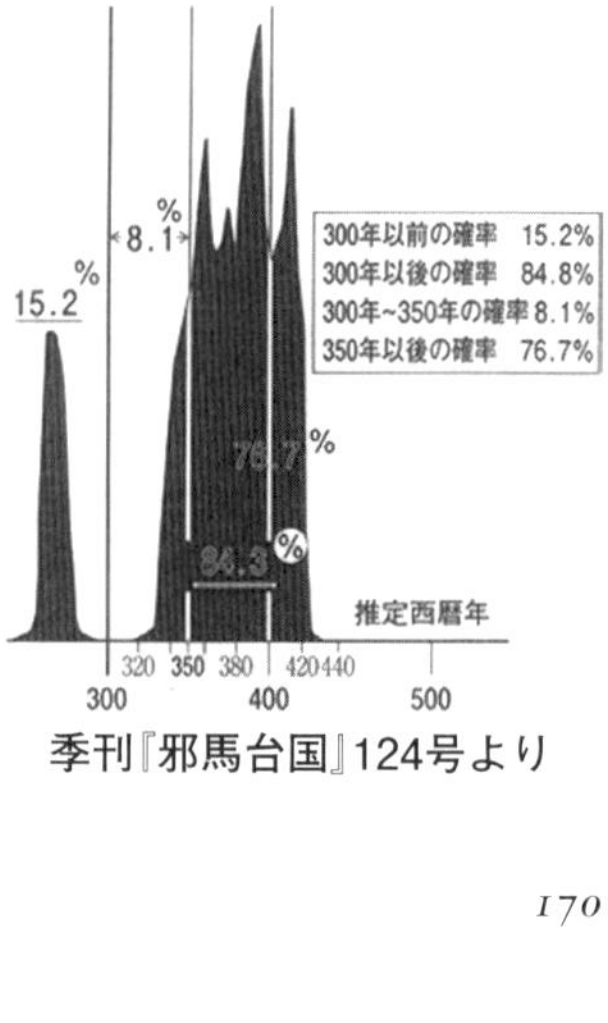

季刊『邪馬台国』124号より

神武の勢力への統治権の移譲

○「『東の方に良い土地があり、青い山が取り巻いている。その中へ天の磐舟《いわふね》に乗って、とび降ってきた者がある』と。思うにその土地は、大業をひろめ天下を治めるによいであろう。きっとこの国の中心地だろう。そのとび降ってきた者はニギハヤヒという者であろう。そこに行って都を創るにかぎる」と。諸皇子たちも「その通りです。私たちもそう思うところです。速やかに実行しましょう」と申された。

これは『日本書紀』の神武が東征を始める前に塩土《しおつち》の翁《おじ》に聞いた話です。

神武はヤマトの情報を多く得ていて、九州を発つときから最終目的地は、日嗣の御子である天皇が「マツリゴト」を行うのに条件の整った湿地の平原で、新たに農工業を興すことが出来、東国へも進出がしやすく、冬至の頃に霊山三輪山から昇る朝日が拝める場所、それすなわち「冬至と日の出」のキーワードに当てはまり、新嘗祭・大嘗祭を執り行うのに適したヤマトの葦原国の「神浅茅原」の纏向の地と定めていたのではないでしょうか。しかし、（わたしが崇神の祖父と推理する）神武の時代にはそれが果たせず、崇神の時代にようやく目的が果たせたのではないでしょうか。

祭祀の視点から見れば、出雲型「地的宗儀」を信仰する先住者の土地に入植し、その地で先住者と共に暮らし、共に働き、その地で新たな文化と文化圏を築き上げた先発の「地的宗儀」を篤く信仰するニギハヤヒの勢力に、「天的宗儀」と「地的宗儀」、言い換えれば日神を尊び、かつ八百万の神々をも信仰する後発のニギハヤヒの勢力が合流して築き上げたクニの、ニギハヤヒの勢力から神武の勢力への「統治権の移譲」(国譲り)だったと見ています。

「統治権の移譲」には、神武の勢力が誇示した武器であり祭器でもある超長刀の鉄剣や性能の優れた弓に加え、天照大神がわが子の天忍穂耳尊《あめのおしほみみのみこと》に「わたしを見るようにつつしみ祀る鏡としなさい」と勅して授けたとされる大鏡が大きな役割を演じたことでしょう。

神武天皇〜崇神天皇の時代は信仰が力を持っていた時代です。統治権を掌握するのに最終的に威力を発揮したのは、神道の柱である太陽神信仰に立脚したワンランク上の文化力だったと見ています。

政治的な視点で見れば、神武の勢力と製鉄工人・日神祭祀集団のニギハヤヒの勢力は、故地《こち》の北部九州で主従関係にあった可能性が高く、その関係は崇神天皇の時代に物部氏が天皇家の葬儀祭祀の専任氏族という形で引き継がれ、物部氏は天皇を頂点とする国家体制の中で、強大な権力を持つことになります。

物部氏は第26代継体《けいたい》天皇の時代に、刑罰、警察、軍事、呪術、氏姓などの職務を担当し、盟神探湯《くかたち》（古代日本で行われていた呪術的な裁判法である神明《しんめい》裁判）の執行者の地位に就きます。

北部九州で勃発した「磐井《いわい》の乱」で、筑紫以西の統治を委任された物部麁鹿火《もののべのあらかび》は、継体22年（528年）、筑紫君磐井《つくしのきみいわい》を破り、物部氏の故地の「筑紫国」を平定し、大和朝廷はかつて天皇家の先祖が治めていた北部九州の筑紫国の統治権を奪還することになります。

ところで、「昼間は人が造り、夜は神が作った」という墳丘長278メートルの大型前方後円墳「箸墓古墳」の被葬者とされ、崇神の姑《おば》で、大物主神の妻とされる倭迹《やまとと》迹日百襲姫命《とびももそひめのみこと》は、いったい誰なのでしょうか？　纒向の主宰神の妻であれば、巫女として相当な霊力の持ち主だったことでしょう。卑弥呼の親族である可能性は考えられますが、卑弥呼ではないことだけは確かです。

終章

素戔嗚尊は奇稲田姫《くしいなだひめ》との結婚を条件に八岐大蛇《やまたのおろち》退治を引き受けました。大蛇は頭と尾はそれぞれ八つずつあり、眼は赤い鬼灯《ほおずき》のようした。背中には松や柏が生えていて、八つの丘八つの谷の間に延びていました。大蛇は酒を飲もうとして、頭を各一つの樽に入れて飲み、酔って眠ってしまいました。素戔嗚尊は十握剣《とつかのつるぎ》を抜いて、八岐大蛇を退治しました。尾の中から剣が出てきました。これが草薙剣《くさなぎのつるぎ》（別称天叢雲剣《あめのむらくものつるぎ》）と呼ばれる剣で、素戔嗚尊はこの剣を天つ神に献上しました。三種の神器の一つのこの剣は、熱田神宮のご神体として祀られています。

神武の勢力と神仙思想と太陽神信仰

神武の勢力とはいったいどんな勢力だったのでしょうか?

一、「卑弥呼の鬼道と祭祀の国譲り」で述べたように高句麗や馬韓（百済）では、鬼神（日神）を祀る祭りが行われていました。

二、高句麗の天神祭の「東盟祭《とうめいさい》」について、谷川健一は「東盟祭は収穫祭というよりは、冬祭りの型である。古代の高句麗には冬至の頃にいったん死んだ太陽が、地下道を通って東の穴から生まれかえり、その再生のしるしに水浴びをするという考え方があり、その儀礼化したのが東盟祭ではなかったかと考える」と述べていて、高句麗では、冬至の頃に太陽神（日神）を祀る祭りが行われていたと考えられます。

三、百済や高句麗は、日本の古代と同じように秋から冬にかけて王権の交替が行われていました。

四、紀元前後の時代、後の新羅の慶尚道《けいしょうどう》地域（韓国南東部）の数万基に達する墳墓に納められた棺は、丸太を割ってくりぬいて作った木棺で、被葬者は一様に東西軸線上に埋葬されていました。頭部に平たい雲母《うんも》が置かれた木棺も見つかっています。

これらのことは、古代朝鮮半島は太陽神信仰の国々であったことを表していて、ヤマト王権の死生観・宗教観と相通じるものと考えています。

伊都国の平原王墓の被葬者（女性）も（四）のように丸太を割ってくりぬいて作った割竹形木棺《わりたけがたもくかん》に、（考古学者の原田大六《はらだだいろく》の調査によれば）被葬者は春分の日、朝日が上がる日向《ひなた》峠に足を向けて埋葬されていました。割竹形木棺はホケノ山古墳や桜井茶臼山古墳に納められた棺でも推定されている棺の形式です。平原王墓の場合は被葬者の頭部上方に輝く大鏡が置かれていて、（四）の場合は輝く雲母が頭部に置かれていました。

神仙思想《しんせんしそう》では、「雲母の粉を食べれば不老不死になれる」とされることから、雲母の副葬は、中国の道教の思想の影響が見え隠れしています。

神仙思想の根幹を成す思想は、こうです。

○神仙思想はこの世での死をあの世への再生とする考えが根底にあって、死者が昇天する儀礼に水銀朱や剣や鏡を使います。死後に再生したところこそ、永遠の穏やかな「常世《とこよ》」であると考え、水銀朱は永遠性の象徴として重んじ、仙薬として服用するのです。地面の中を昆虫がうごめいて、それが地上に這いだして、木に止まって、ぬけがらを残して飛んでいく、飛んで行く先が常世なのです。常世に行く途上、邪鬼を近づけないために剣が必要とされ、邪鬼の正体を写し出すために鏡が必要とされています。

葬儀に剣や鏡を使用する点は、弥生時代の北部九州の墳墓や古墳時代の古墳の副葬品と一致し、水銀朱を使用する点は、使用方法は異なるものの、日本の場合、棺に水銀朱を混入して「使用する」という点で一致します。

弥生時代は、北部九州の場合、死者を水銀朱を入れた繭形《まゆがた》の甕棺《かめかん》に納めて、土をかぶせて密閉し、蚕が成長して繭をやぶって、蛾になって光輝く神様の世界へと飛び立つように、古墳時代は、死者を水銀朱を入れた棺に納めて、卵形の（前方後円墳の）円墳で密閉し、卵からかえった幼虫が成長して鳥になって、光輝く神様の世界へと飛び立つように、死者の新たな命の誕生を祈願して、死者を見送ったと考えています。

このわたしの個人的な説と照らし合わせた場合、わたしの説は「昆虫が成長して、常世へと飛んでいく」というストーリーの類型と見てよいでしょう。ついでに勾玉についての個人的な説を述べさせてもらえば、それは蚕を象ったものです。『記紀』によれば、蚕は五穀と一緒に生まれています。『古事記』では、五穀より先に生まれています。古代人は蚕を「生命の源」と考え、勾玉を創ったと見ています。勾玉の始まりは蚕を象った獣形《じゅうけい》勾玉で、その後デザイン化され、画一化されたと見ています。

弥生時代の北部九州や古墳時代の日本は、神仙思想の影響も受けていたかも知れません。しかし細かく見れば、邪鬼を祓う剣（神仙）↓神様の依り代の剣（日本）、邪鬼を写す鏡（神仙）↓日神を象徴する鏡（日本）のような違いが見られます。また日本では、仙薬とされる水銀朱や不老不死の粉とされる雲母に相当するものは玉《ぎょく》と見ています。それは古墳時代の日本には、死者を埋葬する際に、死者の口に玉を含ませる慣習があったからです。日本では、玉はそれ自体が日神を表す呪具であり、連珠にすれば、太陽を象徴する呪具になりました。

神仙思想も日本に来れば、日本人の手により、神器《じんぎ》として新たな価値が見いだされて活用されることになるのです。古代の日本人は水銀朱の赤色に「太陽の光」を感じ取り、日神の色の赤色で充たして死者の新たな命の誕生を祈ったに違いありません。水銀の防腐効果にも力を感じ取ったかもしれません。

中国の神仙思想が日本に伝わっていたとすれば、太陽神信仰の世界で見る限りでは、日本の太陽神信仰の中に、すっかり取り込まれてしまったと言っても過言ではないでしょう。

弥生時代の日本列島に、とりわけ太陽神信仰の影響が強い地域があります。それは平原王墓や三雲南小路王墓《みくもみなみしょうじおうぼ》や井原鑓溝王墓《いわらやりみぞおうぼ》のある伊都国です。これら弥生時代の伊都国の王墓は、太陽神信仰の代表的な祭祀品の鏡が際立って多く出土しています。北部九州の首長墓からも鏡ほか剣や玉が出土していますが、伊都国の王墓は鏡の数では突出しています。朝鮮半島の墳墓の出土品と比べても、鏡の数では突出しています。つまり、太陽神信仰の度数を測ることが出来るとすれば、限りなく100％に近い太陽神信仰なのです。

それはどうして起こったのでしょうか？

次の「神社のシャーマニズムとアニミズム」にも関連することですが、答えは日本人の「信心深さ」です。それは勤勉さにもつながります。朝鮮半島から神仙思想の影響を受けた太陽神信仰を伊都国の人は、日本人特有の「信心深さ」で、その「深さ」をより高めたと見ています。そのために霊性を高める祭祀品を破砕する儀式を徹底的に行ってもいるのです。この時、伊都国型の太陽神信仰～天的宗儀が生まれたと見ています。

このような信仰は、ワンランク上の権力を生むものです。弥生時代の伊都国には中部地方に至るまでの広い範囲で、土器や宝石の搬入が行われていたことを示す遺物が出土しています。これはワンランク上の権力を示す物証ではないでしょうか。弥生時代の伊都国型の太陽神信仰は、朝鮮半島の（神仙思想の影響を受けた？）太陽神信仰の影響を受けつつ、伊都国流に進化・深化させた太陽神信仰で、その信仰は天照大神を国家神として尊ぶ、天皇家の太陽神信仰へと真っ直ぐにつながっていると考えられるのです。

神武の勢力は、伊都国の王統が率いる集団だったと見ています。

神社のシャーマニズムとアニミズム

日本の文化を考える上で見逃せない記録が『日本書紀』に記されています。それは本書の本文の冒頭で引用した次の記録です。

○そこで別に八百万の神々を祀った。よって天社《あまつやしろ》、国社《くにつやしろ》および神地《かむところ》、神戸《かんべ》を定めた。

そう定めた瞬間、神社の社殿の基本的な配置が定められたのと同時に、神道の基本原理が形作られたからです。わかりやすく言えば、こうです。

日本という国は縄文時代から現在に至るまで、自然界に八百万の神々を感じて暮らす文化を持つ国です。

本書で使ってきた用語を使えば、地的宗儀の国、言い換えればアニミズムの国なのです。それは現在、日本文化を代表するアニメや様々な種類のキャラクター商品やテレビコマーシャルが日々、創り出されていること、ネオン街のけばけばしいネオンを見ても、異様に感じないこと、あるいはまたネイルという狭いキャンバスに美を求める女性、習い事をはじめ様々な文化にいそしむ女性が非常に多いこと（私ごとで恐縮ですが、私の娘が運営するハープ教室には、小学生から高齢者まで大勢の女性の皆さんがハープを習いに来られています。その多さと熱心さに驚かされます）、日本のみならず外国のあらゆる分野に日本人のエキスパートがいること、クリスマスやハロウィーンなど、外国の風習をも自分達の娯楽にしてしまうことなどが証明しています。また古代であれば、祭祀品のミニチュアが数多く創作されたことも、縄文時代までさかのぼれば、奇抜な造形の土偶や土器が創作されたことも、アニミズム文化の成せる技なのです。

島国である日本列島に、豊かで時として牙をむく自然、季節が巡り、四季折々に変化と彩りをもたらしてくれる「神宿る」自然がある限り、様々な事象に興味を抱き、様々な文化を愛で、秀でた人を尊ぶ、それは例えば外国人であっても、また宗教が違っていても、日本という国で暮らせば、次世代は日本の「アニミズムの文化」を愛でる「日本人の心も持つ二世」「日本人の心を持つ三世」に育つのです。

　それは古代でも同じことが言えるでしょう。例え大陸・朝鮮半島伝来の天的宗儀、言い換えればシャーマニズムの文化を持つ人であってもです。崇神天皇は天皇として「シャーマニズムの文化」を背負う一方で、日本の固有の「アニミズムの文化」にも親しみ、その文化で育まれた八百万の神々をも尊ぶ人物だったのでしょう。崇神までの歴代天皇が先住者の娘が母であれば、なおさらのこと。であるからこそ「そこで別に八百万の神々を祀った」のでしょう。そう定めた瞬間、本来シャーマニズムが根本であるべき神道という信仰の中で、「アニミズムの文化」が守られ、尊ばれ、育まれてきたのです。

　一カ所で八百万の神々を祀る形態から始まった神道系祭祀の形態は、現在、日本の神社では、一柱から三柱ほどの神様を祀る形態（神社によっては神社に付属して摂社《せっしゃ》・末社《まっしゃ》を併設）へと変化し、祀られる神様の個性や機能によって発揮される霊験（ご利益）も様々になっています。この多様化も「アニミズムの文化」の日本ならではの進化的変化なのです。

現在の神社をシャーマニズムの視点から見てみましょう。

日本のシャーマニズムは、本来最高位の巫女が斎主となって神様を招き寄せて行う祭祀でした。巫女が祭祀の斎主から外されるようになったのは、律令祭祀のもと神職制が男性優位の制度になり、男性の神職が斎主を務める形式に変わってから以後のことです。（『神宿る沖ノ島』にて解説）そのことはともかく、現在、神社の宮司が女性であろうと、男性であろうと、またその神社が神道系であろうと、道祖神などの民俗系であろうと、参拝者は誰でも神社に詣でて、柏手《かしわで》を打ちさえずれば、八百万の神様とつながることが出来て、合格、安産、病気回復、家庭円満など望むことを祈願をすることが出来るのです。これこそ日本流に進化した「日本型シャーマニズム」の真骨頂なのです。

神様の次は「仏様《ほとけさま》」のことです。

日本の仏教は俗に葬式仏教と呼ばれますが、一般の日本人はお寺に参りに行くとき「仏様に参りに行く」と言うように、一般の日本人は本来の意味である仏陀《ぶっだ》より「ホトケ」になったご先祖様達が第一なのです。信仰するものが仏教であっても、古代の日本人が人が死んだら、神様になって、自分達家族を守護してくれると信じていたのと変わりなく、日本人は心の中で、今も「ホトケ」を神様のように見ているのです。隠れキリシタンの信者が一番大切にしてきたのは、先祖供養なのだそうです。

もしかしたら日本人は、坊さんが鳴らす鈴《りん》の音や木魚《もくぎょ》の音を神社で鳴らす鈴《すず》や手で打つ柏手と同じように神様とつながっているような意識で、仏壇の先の「ホトケ」とつながっているのかもしれませんね。

卑弥呼の墓と女王国

卑弥呼の墓について『魏志倭人伝』は、次のように伝えています。

○卑弥呼が死去したときには、大きな陵が造られた。その墓の径は百歩余りもあって……。

その大きな陵は宇佐神宮の上宮本殿のある亀山《かめやま》（小倉山《おぐらやま》）ではないかと推理しています。

『八幡宮本紀《はちまんぐうほんぎ》』には、この亀山の周囲を390歩余りと記載されているそうです。これを3・14の円周率で割ると直径は124歩となり、倭人伝の「百歩余り」とおおよそ合致します。地理院地図の等高線地図で測った場合、約280メートルで、箸墓古墳の墳丘長278メートルとほぼ同じ長さになります。

拝殿前の広場の土は性質の異なる玉石や角石が無数に出てくるそうです。これは人工的に盛り土が行われたと考えられます。地形上、周辺の尾根から離れて、低地にぽつんと東西に長い丸っこい小高い山があるのは不自然です。伝承では菱形池を掘った土で亀山を築いたと言い伝えられています。また八幡神が三歳の子どもの姿をして、竹の葉に乗って現れた場所が、亀山の麓だったことから、小高い亀山が特別な霊山として伝承されていたと考えられます。

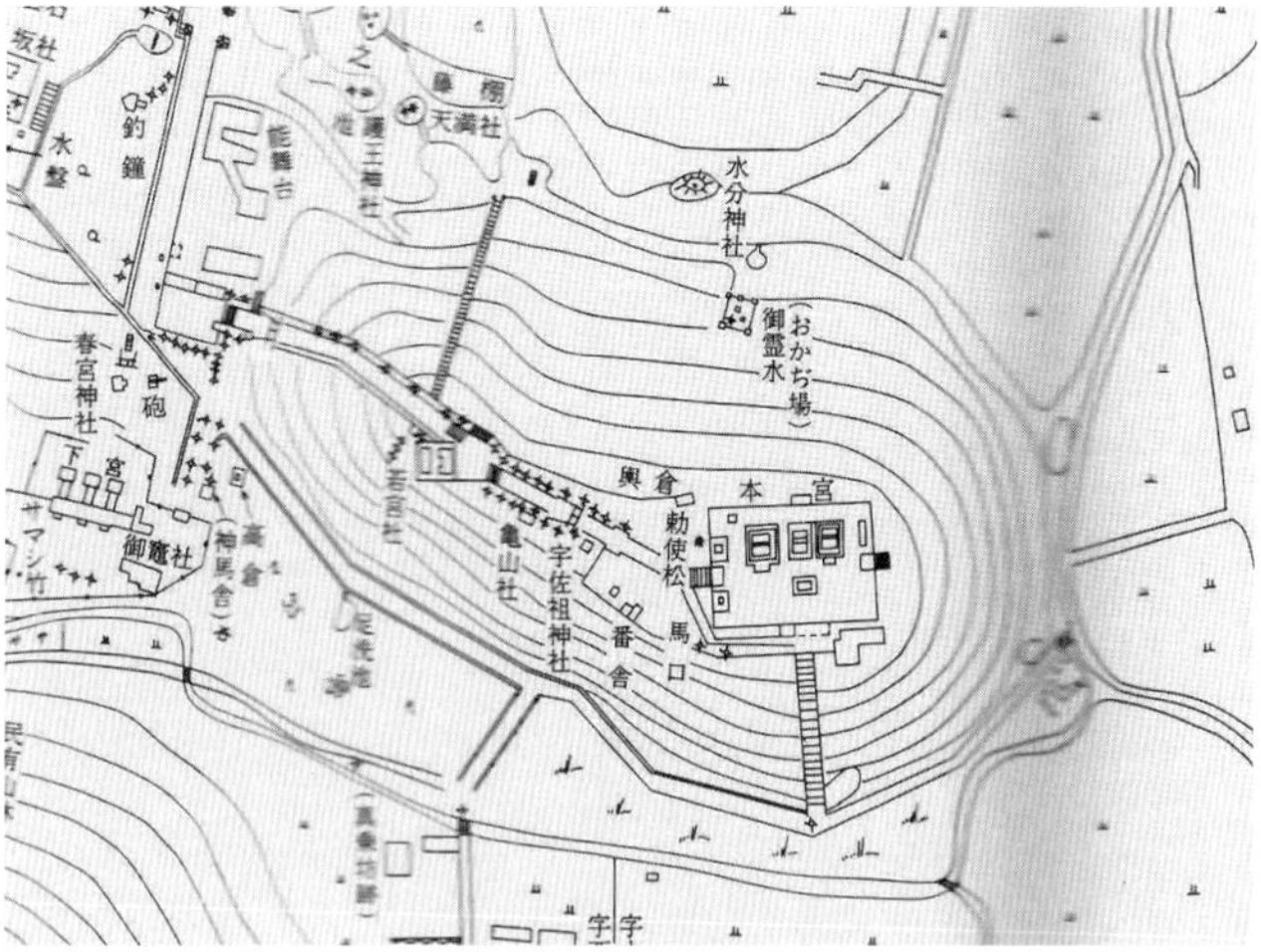

昭和初期宇佐神宮境内図

亀山の地形を等高線地図（昭和初期宇佐神宮境内図）で見ると、亀山は東西に長いひょうたん型をしています。そのひょうたん型の西側（宇佐神宮本殿側から見て、本殿前の唐門から、その先にある鳥居に至る参道が頂の位置）は、ゆるやかな上り坂で、細長い形をしています。一方、ひょうたん型の東側は大きな楕円形をしていて、最頂部は宇佐神宮の神楽殿辺りになります。

東側斜面は急勾配になっています。『八幡宇佐宮御託宣集《はちまんうさぐうごたくせんしゅう》』には「八幡神には社殿がなかった」と記録されていますから、本殿はかなりの時を経て建てられたことになります。

亀山と呼ばれるようになったのは、亀の形を想像したからでしょうが、亀ではなく首のある瓶《かめ》で、「壺型」の未完成の前方後円墳なのではないかと見ています。亀山を上ったところのひょうたん型の形は、現地でも確認しましたが、宇佐市にある九州最古の前方後円墳とされる赤塚古墳と似ているように見えるのです。

明治40年に宇佐神宮の改修が行われた際、本殿東側（第二殿と神楽殿の中間あたり）で、穴の中に石棺を見たという目撃証言があるそうです。それほど深くない地中であることから、後の時代に別の被葬者が埋葬された石棺の可能性もありますが、もし卑弥呼の棺だったら、赤塚古墳の被葬者のように石棺の中に割竹形木棺が納められているのではと思いたくもなります。

現在の亀山の北側は西から東まで大小の池があって、その外側の西側から北側は御許山《おもとさん》の南麓に源を発する

寄藻川に架かる宇佐神宮表参道の神橋

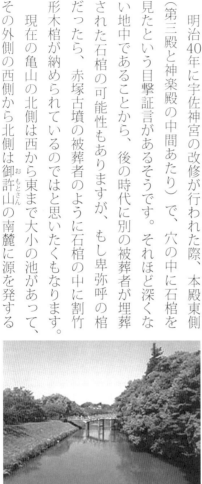

寄藻川《よりもがわ》が宇佐神宮付近で東に向きを変えて、神宮の北辺を流れています。

現在、宇佐神宮の参道はこの川を越えて、神域に入っています。神宮の西側からは寄藻川の支流（小川）が亀山の南側の縁《へり》に沿うように流れていて、神宮の東側を流れる御食川と合流し、その御食川は宇佐神宮の北東側で寄藻川と合流しています。つまり宇佐神宮は川に囲まれているのです。現在よりも海進していた弥生時代後期は水の量が多く、亀山の周りは周濠のような水域だったことでしょう。

宇佐神宮の南側を流れる小川（周壕の名残か）

そのような亀山の地形は、『日本書紀・神代上』の「日神が、生まれた三柱の女神を葦原の中つ国の宇佐嶋に降らせられた」の「宇佐嶋」という表現や『宇佐八幡弥勒寺建立縁起』の八幡神が天降ったとされる「宇佐郡辛島国宇豆高嶋」の「宇豆高嶋」という表現と合致し、もし亀山が卑弥呼の墓であったとしたら、ひょうたん型の墳形を含め、周濠を持つ前方後円墳のモデルになったと見てよいでしょう。

宇佐神宮のある亀山が、卑弥呼の埋葬地の候補地として考えられる理由は、次の三つです。

一、国東半島西側に位置し、現在、宇佐神宮の東南約6キロメートルに位置する御許山には、三つの巨石に宿る神霊を信仰する磐座《いわくら》信仰が原始時代からあったと考えられます。宇佐神宮から見た霊山御許山は東南の方角で、「冬至と日の出」のキーワードに当てはまります。加えて、平原王墓の被葬者がほぼ東西軸線上（正確には東の軸がやや南に傾く）に埋葬され、宇佐神宮の亀山はひょうたん型（壺型）の長軸がほぼ東西の（正確には東の軸がやや南に傾く）方位で、纒向とその周辺の主な前方後円墳も、ほぼ東西の方位で築造されています。

二、宇佐・国東地域は九州の朝日の昇る方角の最東端に位置し、太陽神を最高神として尊崇する北部九州の人々にとって、神域であったと考えられます。

三、宇佐神宮のあたりは、北部九州から中国・四国・近畿に船で行くときの九州最東端の交通の要衝であり、九州からの出発地。宇佐神宮の北側は古代は入海

（湾）になっていて、おそらく亀山が築造される前は入海に面した丘陵で、しかも湧水が豊富。神宮の菱形池には霊泉と水分神《みくまりのかみ》が鎮座しています。そのような場所は北部九州の海《あ》人《ま》族が祭場として好む、絶好の立地条件でした。宗像三女神の宗像大社然り、第14代仲哀《ちゅうあい》天皇崩御の地で神功《じんぐう》皇后ゆかりの地の香椎宮然り、弥生時代中期の銅戈や銅矛が出土している住吉神社（福岡市）も然り。宇佐の祭場でも、出航する前に航海の安全を祈願したことでしょう。

宇佐神宮（亀山）とその周辺の等高線図

元々亀山が築造される前の丘陵の形が壺型をした自然の周濠を持つ島で、その形故に神域の中心的な霊地であった可能性もあります。もし島ではなかった場合、尾根の先端に位置していた亀山の南側に水路を造って、周濠を持つ墳墓を築造した可能性が考えられます。

『魏志倭人伝』には、次のような記録もあります。

○女王国より北には、特別に一つの大率《だいそつ》を置いて諸国を監察させていて、諸国はこれを畏れている。大率はいつも伊都国で政務を執り、それぞれの国にとって中国の刺史《しし》のような役割を持っている。

女王国の北に政務を執る大率があって、その大率は伊都国にあると読めます。女王国は大率の南。それは伊都国の中部〜南部の可能性と伊都国の南側にある背振《せふり》山地の南に広がる九州最大の筑紫平野の可能性が考えられます。その面積は約１２００平方キロメートル。福岡と佐賀両県の南部一帯を占めています。

現在、霞ケ関（中央省庁）と総理大臣官邸及び国会議事堂が隣接しているように、現実問題として、古代の交通事情も考えれば、女王は大率から近距離に居住したと考えるのが常識的な線、山を越えなければならない筑紫平野は遠すぎます。

近距離で考えられるのは、海路で数時間、陸路で半日で行き着ける奴国ですが、奴国は伊都国の東から東南に位置しています。『魏志倭人伝』も「伊都国の東南」

と方位を正しく記録しています。奴国が女王国であれば、「女王国より西北には、特別に一つの大率」と記すはずです。

『魏志倭人伝』は「使者が魏の都や帯方郡《たいほうぐん》（古代朝鮮の西海岸中央部に置かれた古代中国の郡）や諸韓国に行くとき、あるいは帯方郡の使者が倭国へ来たときには、大率から港に出向いて調査、確認する。文書や贈り物を伝送して女王のもとへ届けるが、数の違いや間違いは許されない」とも伝えていて、大率は海の近く、つまり伊都国の北端の入江（弥生時代後期の伊都国の北側は入江になっていました）付近にあって、女王は文書などをチェックできる距離に居住しているとなれば、女王国は糸島《いとしま》平野の伊都国内中部〜南部で、南側背振山地山麓の北側と考えるのが、常識的な線ではないでしょうか。

『魏志倭人伝』は伊都国について「丗有王皆統屬女王國郡使往來常所駐（原文）」とも伝えています。この文についてのわたしの解釈はこうです。

○伊都国は代々王がいて、歴代の王はみな女王国に属し、女王は伊都国の王統で、伊都国は郡の使者が往来し、常に足を止める所。

女王国の場所については、女王国＝伊都国、あるいは女王国は伊都国内中部～南部となって、そうであれば、女王国が平原王墓近付とした場合、東南東に三輪山（467・1メートル）とほぼ同じ標高の王丸山《おうまるやま》（453メートル）を望み、王丸山が女王国の霊山であったなら（その位置関係が逆に古代は霊山だったことを教えてくれています）、「冬至と日の出」のキーワードに当てはまる地点であることを含め、東側の山の稜線がコピーしたように似ているなど地勢が纏向とよく似ています。

纏向は都で平原は墓。古代人は人の死を冬

曇りの日、著者が王墓西側から撮った平原王墓。王丸山は冬至の頃に朝日が上る東南東に位置する。

纏向遺跡の西側から見た山々。
稜線が平原王墓から見た山々の稜線と瓜二つ。

至の太陽の衰えと同一化して考えていたので、宗教観・死生観に矛盾は生じず、都も墓も同じ「聖地」だったのです。

その論理に従って考察すれば、原田大六が指摘した通り、春分の日に日向峠から朝日が上ることは間違いないとして、「冬至の頃には王丸山から朝日が上り、被葬者の女王の足は日向峠の方角ではなく、王丸山山頂の方角に向けられていたのではないか、それはなぜかと言えば、霊山王丸山山頂付近から上る新生・再生した初日の出が、女王の陰部に射しこむイメージで女王を埋葬し、光輝く神様の世界へと旅立つ女王に新たな生命を宿すことを祈願してそうしたのではないか」となります。

このような地は、弥生時代中期に太陽神信仰という信仰の上で、ワンランク上の権力を持ち、代々王がいた伊都国から、卑弥呼という太陽神信仰の女王が誕生するというストーリーも理に適うものです。

長く続く大乱を収束させるために国々が共に推挙したのは、伊都国の王統の卑弥呼だった可能性が極めて高いと見ています。

わたしが想像する卑弥呼の女王国の勢力範囲は、現在で言えば、霞ケ関・永田町の糸島平野（伊都国）、商業・工業・農業・漁業の福岡平野（奴国）、農業・漁業の筑紫平野を中核として、福岡県、大分県、佐賀県、長崎県、熊本県の北部の範囲で、中国・四国の西側は、女王国文化圏で、出雲文化圏の中国・四国の東側と近畿以東の地域との関係は、例えば、日本各地に各地域の祭りがあって、それが当たり前と感じるように、地域間の交流や交易があっても、地域性は尊重されて、共存共栄の関係だったのではないかと想像しています。とりわけ先発のニギハヤヒの勢力が畿内各地に移り住んだ畿内とは、交易などで女王国と緊密な関係があったと見ていま す。

「神武の勢力と神仙思想と太陽神信仰」で述べたように、弥生時代の伊都国には中部地方に至るまでの広い範囲で、土器や宝石の搬入が行われていたことも、伊都国が女王国であった可能性の条件を十分に満たすものです。

伊都国から筑豊の飯塚経由で宇佐まで、徒歩で無理なく歩いて7日から9日。海路なら徒歩より短期間。宇佐神宮は伊都国の平原王墓から見て、真東に位置しています。占いで「女王は真東の日の出づる地」と出れば、実行されたことでしょう。

平原王墓の被葬者は、伊都国の王統、つまり卑弥呼の血縁者で、姉か母の世代の近親者（女性）と見ています。

女王国から邪馬台国そして天皇国家誕生

「南、邪馬台国（原文は邪馬壹國）に至る。女王の都とする所」と『魏志倭人伝』が記録する邪馬台国はどこでしょうか？

伊都国なのでしょうか？

答えは「ヤマト」です。

『魏志倭人伝』は倭人の国について書かれた中国の歴史書です。その歴史書は教科に当てはめれば、前半が「地理と現代社会」で、後半が「歴史」で構成されています。卑弥呼について記録されているのは後半の「歴史」で、邪馬台国について記録されているのは前半の「地理と現代社会」です。

『魏志倭人伝』が書かれたのは、280年から297年の間とされています。この年代と神武の勢力がヤマトに東征したと安本美典が推理する年代（280年から290年頃）が、ほぼ一致していることに注目すべきです。

「女王の都とする邪馬台国」は、卑弥呼亡きあと、およそ30年後に伊都国の女王国の王族率いる勢力が、ヤマトの先住者からの「国譲り」を経て建国した女王国の新たな国名なのです。邪馬台国の女王は卑弥呼ではなく、別の女王と見るべきです。そしてそうであるなら、『魏志倭人伝』が書かれた時代には「神武の東征」が完了していなければならず、東征年代は5年早めて「275年頃から290年頃」の幅で想定するのが適切と見ます。

日本の歴史書の記録に従えば、その邪馬台国の王は神武天皇になります。では、なぜ天皇が治める邪馬台国が女王国なのでしょうか？

天皇家によって天照大神が国家神として祀られ、斎主の女性巫女（＝天照大神）が神託を天皇に伝え、天皇がその神託を拝聴してマツリゴトを行う政治システムを、著者の陳寿は卑弥呼の時代の伊都国の「女王国」と類型の政治システムと見て、「女王国」と書き記したのではないでしょうか。

卑弥呼の女王国と「女王の都とする邪馬台国」は、**別の時代の、別の場所の女王国**で、邪馬台国は卑弥呼の女王国の王族がヤマトに東征して建てた「天皇国家」なのです。「南、邪馬台国に至る」は、「東、邪馬台国に至る」の誤認又は誤字となります。邪馬台国の前に記録された「南、投馬国に至る」も「東、投馬国に至る」の誤認又は誤字で、投馬国は吉備と見るのが妥当です。

「その南、狗奴国有り。男子が王と為る。その官は狗古智卑狗有り。女王に属さず。（帯方）郡より女王国に至る。万二千余里」（『魏志倭人伝』）と記録された狗奴国《くなこく》は、そのまま読めば大和地方の南、紀伊半島南部の熊野ということになります。

「正始八年（247年）、倭女王の卑弥呼は狗奴国の男王、卑弥弓呼素と和せず、倭の載斯烏越等を派遣して、（帯方）郡に詣でて、攻め合う状態であることを説明した」（『魏志倭人伝』）という記録は、卑弥呼が亡くなる直前の247年頃、熊野だけが、伊都国の女王国に刃向かっていたことになります。それからおよそ30年後、女王国の勢力の神武の勢力が九州を発ち、瀬戸内海を通って熊野からヤマトに侵攻し、熊野の平定を成し遂げた（かのような？）というストーリーが浮かび上がってきます。

女王国（邪馬台国）と狗奴国が攻め合う状態（原文は相攻撃状）というのは、どういう状態なのでしょうか？

文面からは「戦闘状態」と解釈するでしょう。しかし三世紀半ばのヤマトの文化は、これまで見てきたように、卑弥呼の鬼道に象徴される「天的宗儀」の祭祀文化が希薄な地域です。卑弥呼の女王国の軍隊がヤマトに侵攻していれば、祭祀品などの遺物に痕跡が残る筈です。しかしそれがないのです。つまり考古学的あるいは宗教的知見からは、ヤマトや熊野の地における女王国と狗奴国の「戦闘」は考えられず、考えられるとすれば、「ヤマトに入植し、先住者と共住する女王国勢力下のニギハヤヒの勢力と、北部九州や出雲の弥生文化とは異質な、例えば非弥生文化的でエミシ的な山の民の文化を持つ熊野の勢力との宗教戦争だったのではないでしょうか。

卑弥呼の時代の狗奴国の王の名は卑弥弓呼素です。神武の東征の時代には世代が変わっていると見るのが自然です。『記紀』に登場する人物で、狗奴国の王と見られる人物は、「天神《あまつかみ》の子がやってくる訳は、きっとわが国を奪おうとするのだろう」

（『日本書紀』）と言って、全軍を率いて孔舎衛坂《くさえのさか》で神武軍を迎え撃った長髄彦《ながすねひこ》（『古事記』は那賀須泥毘古）と見るのが妥当です。

「地理と現代社会」に書き記された「狗奴国有り。《中略》女王に属さず」という記録は、三世紀末期、熊野の山の民は依然、邪馬台国に従属していなかったことを伝えています。

整理しましょう。

一、邪馬台国九州説と畿内説が想定される原因は、前半の「地理と現代社会」と後半の「歴史」の記述を混同したために生じた。

二、邪馬台国の記述は執筆時（290年前後）の倭人の国の記録。

三、卑弥呼の女王国の記述は過去の倭人の国の記録。

四、卑弥呼の女王国は伊都国内。伊都国は現在の福岡県糸島市。

五、卑弥呼の墓は大分県宇佐市の宇佐神宮の亀山。（推定）

六、邪馬台国は伊都国の女王国の勢力が東征して三世紀後半にヤマトで建てた国で、天照大神を国家神として、天照大神の子孫の天皇を君主とする（女）王国。

七、邪馬台国は卑弥呼の女王国とは別の時代の別の場所の国で、所在地は現在の奈良盆地を中心とする大和地方。

八、邪馬台国の原文の邪馬壹國の「壹」は卑弥呼の宗女《そうじょ》の壹與《とよ》の「壹」と同じく「と」と読み、邪馬台国は「やまとのくに」と訓《よ》む。

九、伊都国の女王国の勢力がヤマトへ東遷して、邪馬台国《やまとのくに》を建国。

十、和風諡号《わふうしごう》「かむやまといわれびこのすめらみこと」の神武天皇は邪馬台国の初代天皇。

十一、邪馬台国建国から天皇を頂点とする中央主権国家建設が始まる。

十二、邪馬台国の南に位置する狗奴国は熊野で、北部九州や出雲の弥生文化とは異質な文化を持ち、卑弥呼の女王国の勢力と宗教的に敵対していた。

そして私の研究では、

十三、神武の東征後、神武天皇の御子達（第2代から第9代天皇）がヤマトの葦原国全土を治め（ヤマトにおける先住者からの「国譲り」完了）、神武天皇の孫の崇神天皇が「日神に加護される地」を意味する「纒向」に都を構え、三輪山の祭祀を掌握し、事実上「大和朝廷」が成立する。纒向遺跡の建物群跡は神社を併設した崇神天皇の宮殿跡で、「皇居・瑞籬宮跡」であり、「大和朝廷誕生の地」ということになります。

『魏志倭人伝』を書いた陳寿《ちんじゅ》の「歴史」の最後の記録は、卑弥呼の宗女《そうじょ》の台与《とよ》（原文は壹與）が魏（中国）に貢ぎ物をした記録で終わっています。「歴史」の最後の記録、それは『魏志倭人伝』が書かれた時代（280〜297年の間）あるいはその時代に限りなく近い「歴史」の記録である筈です。陳寿が邪馬台国の女王と信じたのは、巫女の台与だった可能性があります。

「歴史」は「その国は元々は、また男子を王と為していた。居住して七、八十年後、倭国は乱れ互いに攻撃しあって年を経た。そこで一女子を共立して王と為した。名は卑弥呼という」という記録から始まります。

「卑弥呼の墓と女王国」で引用した「女王国より北には、特別に一つの大率《だいそつ》を置いて諸国を監察させていて、諸国はこれを畏れている。大率はいつも伊都国で政務を執り……」（『魏志倭人伝』）という記録は、「地理と現代社会」の記録になります。

この記録が「その国は元々は」で始まる記録の前文に書き記されていることから、「その国」が（伊都国の）「女王国」を指していることは明白で、この記録は伊都国の女王国が歴史的に果たしてきた政治的役割について書き記したものと見られます。

「地理と現代社会」に、もう一か所伊都国についての記録が書き記されています。そこでは伊都国について「（帯方）郡の使者が往来し、常に足を止める所」と記録されています。この記録は、伊都国の女王国の勢力がヤマトに遷都したあとも、伊都国に国の機関が残っていたことを伝えています。少なくとも卑弥呼の時代から三世紀末期まで伊都国は、中国や朝鮮半島の貴族文化と出会う日本の玄関口であったことになります。

北部九州で伊都国が担っていた政治的な役割は、やがて旧奴国の筑紫国《つくしのくに》へ移ることになります。

卑弥呼と宇佐神宮と神武の東征

文献資料で、宇佐神宮や亀山が卑弥呼の墓と直結するような記録はあるのでしょうか？

答えは「ありません」。

関係していると思われることを列記します。

八幡神は三柱の神の三体で成っている神。その三体の神は、次のように祀られています。

第一殿：八幡大神（応神天皇）

第二殿：比売大神（多岐津姫命・市杵島姫命・多紀理姫命）

第三殿：神功皇后

第一殿と第三殿は歴代天皇。文字通り「皇室の先祖にあたる神」に当たる神です。

宇佐神宮上宮

三つの御殿の真ん中の第二殿は比売大神。

『八幡宮本記』によれば、「是（比売大神）は天照大神の生ます所。田心姫命、湍津姫命、市杵島姫命の三女神の御事なり、此三女神すべ号て、道主貴と云よしとし、天照大神が三女神を生んだ」とされています。亀山に卑弥呼が埋葬されたという記憶は、後の時代に亀山に社殿を構えた宇佐神宮では、卑弥呼《ひめこ》↓比売《ひめ》大神↓三女神に置き換わり、三つの御殿の真ん中に祀られたという説が考えられます。

『八幡宇佐宮御託宣集』に、「（第二殿は）比売大神の神前に示現した玉依姫の御霊」と記録されていることから、託宣集が編纂された時代には、第二殿には玉依姫も祀られていたことがわかります。玉依姫は霊《たま》の憑《よ》りつく神霊、巫女と言われ、卑弥呼↓巫女↓玉依姫の関係性も、考えようによっては成り立つかと思います。

第一殿の西側に北辰殿《ほくしんでん》と呼ばれる社があります。祭神は北斗七星の変化《へんげ》で、先住の神とされています。『八幡宇佐宮御託宣集』には、「北辰の本地は観音」と記録されています。これに従えば、卑弥呼↓女性太陽神↓女性観音菩薩の関係性も、考えようによっては成り立つかと思います。

しかし、「北辰の本地は観音」は良いですが、「北斗七星の変化」の「北斗七星」は、「北極星」と「北斗七星」とを編者が混同したことによる誤った解釈と見られます。

そのことはともかく、「北辰」とは北極星のこと。古代中国では、天空のある一点を中心として星々が巡っているように見えることから、そこ、つまり北極星を北辰と呼び、宇宙の中心と考えたのです。北辰は母系の伝承で、最高権力者を意味しました。北辰殿に祀られている神様は「先住の神」、先住の神を北辰↓女性の最高権力者↓卑弥呼の関係性も考えられます。

伊勢街道には常世燈《じょうやとう》と呼ばれる石灯籠《いしどうろう》が多く見られます。その灯籠には「太一《だいいち》」と刻まれています。太一は北極星のこと。卑弥呼↓女性最高権力者↓北辰↓天照大神の関係性も考えられます。

『記紀』に登場しない八幡神を祀る宇佐神宮（八幡宮）はかつて、天照大神を祀る伊勢神宮と共に、天皇家の二所宗廟《にしょそうびょう》とされていました。天皇家の二所宗廟に関連した記録を『八幡宇佐宮御託宣集』に見ることができます。

一、これ（薦枕）が、宇佐八幡宮の皇室の先祖にあたる神である八幡大神の御験《みしるし》である。

二、伊勢神宮と宇佐八幡宮の神の姿は定かではないが、いずれも宗廟として、それにふさわしく、荘厳され、御霊をお祀りして、あらゆる神の根源の神として尊敬されなければならない神なのである。

「あらゆる神の根源の神」という表現は、卑弥呼を想像させる表現です。

天皇家との関係から言えば、「神武一行が出発地の日向から宇佐に着いた時、宇《う》佐国造《さのくにのみやつこ》の先祖である宇佐津彦《うさつひこ》と宇佐津姫《うさつひめ》が、宇佐の川の辺に足一 騰宮《あしひとつのあがりみや》（一柱騰宮）を造って、日神の御子たちを奉饗《ほうきょう》した」（『古事記』）とされています。

神武の東征の折、神武の勢力が最初に立ち寄った地が宇佐ということになっています。これはその地で「奉饗」、つまり「宇佐津彦と宇佐津姫が、（大願成就祈願と安全航海祈願の？）祭祀を執り行い、宴を開いた」ことを意味し、宇佐の地が天皇家にとって「聖地」であったことが読み取れます。その「奉饗」を司祭した宇佐津彦と宇佐津姫は、高皇産霊尊《たかみむすびのみこと》の子孫とされ、やや複雑になりますが、高皇産霊尊の娘の萬幡豊秋津師比売命《よろづはたとよあきつしひめのみこと》は、邇邇芸命《ににぎのみこと》の母親ですから、神代の話とは言え、天皇家とは縁戚関係になります。

○倭国は以前と同じ様に男王を立てたが、男王では国中は治らず争いが続き、お互いに千人以上の人々を殺し合った。そこで、再び女王として十三歳になったばかりの卑弥呼の宗女の台与を立てたところ、国中の争いは治まった。(『魏志倭人伝』)

247年あるいは248年頃に亡くなったと見られる卑弥呼の巨大墓の造営には、5年以上はかかったことでしょう。葬儀をやっと終えたと思ったら、突然寒冷に見舞われ、人心が乱れて乱世となり、多くの呪術者・技術者・職人・製鉄工人などで組織された北部九州の後発のニギハヤヒの勢力は、卑弥呼の墓に集結。ニギハヤヒの勢力は墓に参拝後、宇佐で墓造りを担った集団も加えて(ニギハヤヒの随伴者に宇佐国造の祖の天三降命《あめのみくだりのみこと》がいる)、日の出づる東方の地に理想郷を求めて、東の海へと船出した。

それから十数年後、国力が弱体化した伊都国の女王国の王族は、ニギハヤヒの勢力の活躍をたびたび耳にし、日の出づる日の本《ひのもと》でマツリゴトを行うことを決め、女王国の王族の神武は御子たちと船軍を率いて、卑弥呼の墓に参拝し、大願成就祈願と安全航海祈願の祭祀を執り行った。神武の勢力は筑紫の岡田の宮（福岡県遠賀郡の遠賀川河口付近で福岡県北九州市八幡西区にある岡田宮《おかだぐう》が候補地）で船軍を補強し、出航の朝、昇る朝日を拝みながら、希望を胸に最終目的地であるヤマト「葦原国」の「神浅茅原」の聖地纒向を目指して東の海へと船出した。

弥生時代の終末期に奈良県の奈良盆地の南東部で起こった大事変は、ニギハヤヒの勢力と伊都国王統の勢力の大移動により起こった。

というような歴史が浮かび上がってきます。

巻末

弟の火遠理命《ホオリノミコト》は山の獲物を追う山幸彦《やまさちひこ》として、弓矢を使って獣という獣を、毛の荒いのも毛の柔らかいのも、すべて狩って獲るのを仕事にしていました。(『古事記』)

神武天皇は山幸彦の孫とされています。

卵から男の子が生まれました。金蛙《クムワ》王は赤ん坊の名前を朱蒙《チュモン》と名づけました。朱蒙とは弓をよく射る者の意味でした。朱蒙は七歳にして、自ら弓矢を作り、射れば百発百中の神童でした。朱蒙は凛々しい若者に成長しました。金蛙王が狩りに行くと、朱蒙も兄の七人の王子たちと共について行きました。狩りが終わったあと、金蛙王は王子らの前に置かれた山獣を見て回りました。朱蒙の前には五匹もの獣が置かれていました。(『朱蒙の建国神話』)

高句麗の建国神話と日本の建国神話

『記紀』に関連して、日本の建国神話（『古事記』）と多くの類似点が見られる高句麗の始祖朱蒙《チュモン》の建国神話についてご紹介しましょう。

朱蒙の建国神話はおおよそ次のような物語です。

水神の河伯《ハベク》の娘、柳花《ユファ》は妹たちと一緒に野遊びに出かけたところ、天帝の子、解《ヘ》慕漱《モス》に出会います。柳花は解慕漱に惹かれ、鴨緑江《オウリョクコウ》のほとりの家に入り、結ばれました。河伯は怒って柳花を優渤水《ウパルス》に追放しました。

優渤水に魚を盗む得体の知れない動物がいるという噂が立ち、東扶余《プヨ》の王、金蛙《クムワ》がそれを捕えてみると、柳花でした。

柳花は泣きながら、こう言いました。

「父の許しなく天神の子、解慕漱と結ばれましたが、夫は天の神の国に戻ったまま帰って参りません。私の父は怒って、家に帰るにも帰ることが出来ずにいます」

金蛙王は、柳花が天神の妻であることを知り、王宮に連れてゆき、手厚くもてなしました。

ある日、柳花の体を日の光が追いかけ、柳花は産気づいて、大きな卵を生みました。金蛙王は人間が卵を産むとは不吉の前兆だというので、鳥獣に与えて壊そうとしました。しかし鳥獣はむしろ卵を守ろうとしました。

「実に不思議なことだ。その卵は普通の卵ではないから、持ち帰り部屋の中で大事にせい」

金蛙王はそう言って、卵を柳花に持ち帰らせました。

しばらくして卵から男の子が生まれました。金蛙王は赤ん坊の名前を朱蒙と名づけました。朱蒙とは弓をよく射る者の意味でした。朱蒙は七歳にして、自ら弓矢を作り、射れば百発百中の神童でした。

朱蒙は凛々しい若者に成長しました。金蛙王が狩りに行くと、朱蒙も兄の七人の王子たちと共について行きました。狩りが終わったあと、金蛙王は王子らの前に置かれた山獣を見て回りました。他の王子の前には一、二匹の獣が置かれましたが、朱蒙の前には五匹の獣が置かれていました。金蛙王は朱蒙を讃えて、大きな賞を授けました。

朱蒙は弓の腕だけでなく、乗馬や武芸も秀でていました。次第に朱蒙に従う臣下が増えていきました。七人の兄は朱蒙を憎むようになりました。

「末の弟の朱蒙が王の座に就くようになれば大変な事だ」

七人の王子は朱蒙を殺すことに決めました。

朱蒙に危険がせまったことを察知した柳花は、朱蒙を呼び、東扶余から逃げるよう促しました。朱蒙は朱蒙に従う三人の家来を連れて、真っ暗な夜道を南に向かって馬を走らせました。朱蒙が逃げたことを知った七人の王子は、兵士を集めて追いかけました。夜が白々と明ける頃、朱蒙一行は大きな川岸に辿り着きました。遠く後ろから七人の王子らが馬を駆けてくるのが見えました。

「ああ、私はここで死ぬことはできない。天よ、私をここで捨てるのですか？お助けください」

朱蒙は空を仰ぎ見て祈りました。

すると、魚や亀らが集まってきて川面に背を浮かべて、橋を作り、難を逃れることが出来ました。朱蒙は南へ南へと馬を駆けて行きました。何日も走った朱蒙は卒本州《ジョルボン》の沸流水《プルス》に至り、そこを王都に定めて、国の号を高句麗《コグリョ》と称しました。朱蒙は先住者である沸流の王の松譲《ソンヤン》と戦って勝ち、娘を嫁にし、40歳で天に帰りました。

日本の建国神話との類似点は次の点が上げられようかと思います。

朱蒙の父親は太陽神で、母親は水神の子です。

神武天皇は父方が日神の直系で、母親は海神の大綿津見神《おおわたつみのかみ》の子、玉依姫《たまよりひめ》です。

朱蒙は先住者である沸流の王の松譲と戦って勝ち、その娘を嫁にしています。

神武天皇は大物主と先住者の娘の比売多多良伊須気余理比売《ひめたたらいすけよりひめ》の間に生まれた娘を大后《おおきさき》にしています。

夜道を七人の王子と兵士に追いかけられた朱蒙一行が天に助けを求めると、亀や魚が手助けをしています。

神武天皇は海を渡って、新天地のヤマトで建国する際に、亀に乗った土地神が東征の手助けをしています。

また水に棲む生き物が橋を作って、川を渡る話しは、因幡の白兎を連想させます。そしてこの話は、伊弉諾尊《いざなぎのみこと》が黄泉国から逃げ帰る際に、桃の実を投げつけて悪霊を撃退し、桃たちに葦原の中つ国の人を助けるように伝える話に似ています。

朱蒙が放浪の末に、王位に就くというのは、大国主神の場合では、根の国を訪問してから出雲に戻って支配者となるのに似ています。神武天皇の場合では、日向から長い船旅をしてヤマトに入り、ヤマトで初代の天皇になるのに似ています。また旅の末に王位に就くというパターンも似ています。

朱蒙が国を建てるために旅に出ようとする際に、母親の柳花は危険がせまった朱蒙を呼び、東扶余から逃げるよう促していて、母親が朱蒙の危機を救う協力者になっています。

神武の東征の際に、天照大神が熊野で熊に襲われて意識を失った神武の軍を助けています。また大国主神の場合も兄の八十神《やそがみ》によって迫害され、二度も殺されたのを蘇らせ、根の国に行くように指示をしてくれたのは母神とされています。

朱蒙が狩りの名人として描かれているのに似て、天皇家の始祖となる山幸彦も山の獲物を追う狩りの名人として描かれています。また高句麗と日本の建国神話は双方とも、弓が権力者の象徴として描かれています。

その他、古代日本と高句麗（百済も）とは、共に王権が秋から冬にかけての時期に交替するといった観念や、王、あるいは天皇の儀礼的な狩猟がとても盛んであった点など、王権文化の様々な特徴を共有しています。

朝鮮半島の新羅《しらぎ》や加羅《から》の始祖神話、また古朝鮮の檀君《だんくん》神話は、日本の天孫降臨神話と密接な関係にあることを多くの研究者が論じていて、古代史ファンの間では広く知られています。また檀君神話がアムール・ツングース諸族の熊祖神話と密接な関係があることついては、大林太良《おおばやしたりょう》が１９８４年、『東アジアの王権神話日本・朝鮮・琉球』（弘文堂）で論証し、古代史ファンの間では広く知られています。

『古事記』編纂に際し、天武天皇に命じられて『帝皇日継《ていおうのひつぎ》』（天皇の系譜）と『先代旧辞《せんだいのくじ》』（古い伝承）を読み習わした舎人《とねり》の稗田阿礼《ひえだのあれ》は、朝鮮半島の王権文化、とりわけ高句麗系の王権文化に精通した人物で、天皇家もそうした文化を受容していたと考えられます。

『古事記』の崇神紀の記録で、次のような物語が出てきます。

○両親は娘に「赤土を床の前にまき散らし、麻糸に巻いたものに針をつけて、男の着物の裾に刺しなさい」と命じた。姫は教えのとおりにして翌朝見ると、針をつけた麻糸は戸の鍵穴から抜け通って出ていて、糸巻きに残っている麻糸は、わずかに三巻《みまき》だけだった。それで男が鍵穴から出ていったことがわかり、糸をたどってそのあとを訪ねて行くと、三輪山に至って、神の社で終わりになっていた。それで生まれる子が、三輪の大物主神の子であることがわかった。

これは「異類が人間の女に通い、その着物に糸をつけて、後を辿って行くという形式の「三輪山型」と呼ばれる形式の物語ですが、興味深いことに、この形式の伝承がかつての百済を中心とした地域に広く伝承されているそうです。

◎参考文献◎

『民俗採訪辞典』（山川出版社　１９８３・４）
宮家　準編『山の祭りと芸能（上）』（平河出版社　１９８４・７）
谷川建一監修『別冊太陽』（平凡社　１９８５・９）
真弓常忠『神と祭りの世界』（朱鷺書房　１９８５・11）
谷川建一『白鳥物語』（集英社　１９８５・12）
安達　巌『出雲王朝は実在した』（新泉社　１９８５・12）
『縄文のモモ、弥生のモモ』（岡山大学埋蔵文化財調査研究センター　２００１・２）
福永伸哉『邪馬台国から大和政権へ』（大阪大学出版会　２００１・10）
『茶畑遺跡群』（財団法人鳥取県教育文化財団　２００４・３）
山尾幸久・森下章司他共著『古墳のはじまりを考える』（学生社　２００５・６）
『纏向遺跡（第149次調査）出土の木製仮面 記者発表用資料』（桜井市教育委員会・（財）桜井市文化財協会　２００７・９）

『井戸再考　～弥生時代から古墳時代前期を対象として～』（埋蔵文化財研究会　２００８・９）
『纏向遺跡第１６８次調査現地説明会資料』（桜井市教育委員会　２０１０・９）
武光　誠（文）・梅田紀代志（画）『絵画と歴史で解き明かす「古事記」の世界』（小学館　２０１２・10）
安本美典責任編集『邪馬台国117号』（梓書院　２０１３・４）
『纏向遺跡発掘調査概要報告書　―トリイノ前地区における発掘調査―』（桜井市教育委員会　２０１３・５）
堀田はりい『われは能の翁、生まれしは六郷満山』（宇佐文学54号　２０１３・10）
安本美典責任編集『邪馬台国121号』（梓書院　２０１４・４）
堀田はりい『卑弥呼は宇佐神宮に眠る』（宇佐文学55号　２０１４・10）
安本美典責任編集『邪馬台国124号』（梓書院　２０１５・１）
安本美典責任編集『邪馬台国126号』（梓書院　２０１５・７）
『王の鏡～平原王墓とその時代』［図録］（糸島市立伊都国歴史博物館　２０１６・10）
堀田はりい『神宿る沖ノ島　～古代日本人が見えてくる』（右文書院　２０１８・３）

◎写真ほか資料提供◎

桜井市教育委員（5、13、21、38、50、53、55、59、60、69、73、88、116、196）

田原本町教育委員会（116、119、156、157、164）

出雲弥生の森博物館（132）

原田大六記念館（138）

◎画◎

梅田紀代志（表紙、口絵、2、12、49、52、56、58、96、101、114、128、140、176、212、214、221）

あとがき

昨年3月に古代に国家的な祭祀が営まれていた沖ノ島の祭祀について考察した『神宿る沖ノ島　～古代日本人が見えてくる』を刊行する以前、纒向遺跡の建物群や祭祀土坑には、特に興味を持つことはありませんでした。

昨年のある日、ブログネタで纒向遺跡の祭祀土坑について、調べて書こうとしたときでした。沖ノ島の祭祀遺跡を調べる過程で祭祀品の破砕について「鏡や剣や銅鐸や壺などの祭祀品の破砕は、魔除けや破棄等では決してなく、祭祀品に宿った神霊の霊力を高める、あるいは神々を顕現させるという呪術的行為で、その宗教観は神社祭祀のタマフリのルーツであるということ。またそうした宗教観が『古事記』の天照大神と素戔嗚尊の『うけいの勝負』の神話を生んだということ」を解説しました。

『神宿る沖ノ島』では触れてはいませんが、壺を割って埋納するという儀式が、弥生時代の奴国の井戸祭祀にも数多く見られることを把握していました。纒向遺跡の祭祀土坑跡からも、奴国の井戸祭祀のように破砕された壺が出土していることを知り、調べ始めると「どうも出雲や吉備の影響がありそうだ」ということが判明。興味はさらに広がり、祭祀土坑時代の後の時代とわたしが見る、纒向遺跡の建物群や国譲りや『記紀』や、かねてより研究していた卑弥呼や邪馬台国にも及び、本書が生まれたという次第です。

これも沖ノ島の祭祀遺跡を調べる過程で学んだことですが、国家的な祭祀で最も重要な祭祀は、かつて冬至の頃に行われていた新嘗祭や大嘗祭（新嘗祭と大嘗祭の区別は天武天皇以後明瞭化されます）ということです。本書では「冬至と日の出」というキーワードで表現しました。纒向（日神に加護される地の意）は、そのキーワードを満たす国家的なパワースポットと見ました。

『神宿る沖ノ島』では、天皇家の宗教観の源流が伊都国の王墓に見られることを解明しました。本書ではまたさらに論考を進め、『魏志倭人伝』が「地理と現代社会」と「歴史」とに分けて記録されていることを解明し、太陽神信仰を強く持つ伊都国の女王国から女王国を母体とする神武の勢力のヤマトへの東征、神武天皇による天照大神を国家神とする女王国邪馬台国《やまとこく。和（倭）風に読めば「やまとのくに」》の建国、そして崇神天皇による聖地「纒向」への遷都に至るまでの（陳寿が女王国と記録した）女王国の変遷について解説しました。

その変遷を纒向に当てはめて言えば、祭祀土坑の時代は、3世紀前半、伊都国の卑弥呼の女王国の時代、ヤマトの国譲りの時代は、神武の東征から崇神天皇即位までの時代、大型建物を含む建物群の時代は、国譲り完了後の4世紀前半、崇神天皇が纒向に遷都して造営した皇居「瑞籬宮」（神社を併設した宮殿）の時代（大和朝廷成立）となって、「こうして天皇の国がうまれた」という歴史が、古代祭祀の視点からはっきりと見えてきます。

今もなお、建物群跡が崇神天皇の瑞籬宮跡と特定されずにいることを天国《あまつくに》の崇神天皇は嘆かれていることでしょう。そこで口絵にわたしの義理の兄で画家の梅田紀代志に、瑞籬宮の復元図を描いてもらいました。崇神天皇は往時を偲ばせる見事な、わたしのイメージ通りの画を見て感激し、大型建物跡発見から10年目にして、ようやく正しい日本の歴史を記した書が著され、少しは安堵されていることでしょう。

梅田は『「古事記」の世界』（小学館）に多数の『古事記』関連の水彩画を描いており、本書にモノクロにて8点掲載しました。画の画像データは、梅田の友人で、昨年十月に編集プロダクション「ハユマ」を退任された、元社長の戸松大洋氏から便宜を図って頂きました。戸松氏は古代史に造詣が深く、戸松氏とメールで交わした古代史談義は、私論を鍛え直すものにもなりました。この場を借りて戸松氏に、そしてわたしの質問に毎回快くご回答下さった桜井市教育委員会文化財課の担当者様に謝意を表させていただきます。

次に謝意を表さなければならないのは、インターネットです。自宅にいて『古事記』、『日本書紀』、『魏志倭人伝』の原文が読め、しかも「葦原中國」で検索すれば、「葦原中國」が記載された箇所がすべて閲覧出来てしまう『古事記全文検索』のサイトまである。わたしの「葦原の中つ国は『古事記』ではヤマトを指し、出雲は葦原の中つ国ではなく、葦原国の首都で国譲りの交渉地。出雲での国譲りは良しとして、出雲の国譲りという表現は誤り」という説は、こうして集めたデータを入念に検証した結果、解明出来た答えなのです。

ある日「魏志倭人伝」と検索してみました。そこには『魏志倭人伝』が書かれた推定年代が書かれていました。目からうろこでした。その気づきから『魏志倭人伝』の「歴史」の記録に記された卑弥呼の女王国と「地理と現代社会」の記録に記された女王の都の邪馬台国《やまとのくに》の謎解きが始まりました。また、方位を確認するのに、グーグルマップは重宝しました。インターネットには感謝してもしきれない思いです。

第126代徳仁《なるひと》新天皇御即位並びに、纒向遺跡大型建物跡発見10周年記念の年、加えて右文書院創業101年目の歩みを始める年の春に、本書の上梓がかなえられたことを幸運に思うと同時に、その年に、本書の出版を実現して下さった右文書院社主の三武義彦氏に心より感謝申し上げます。

正しい日本の歴史と文化が、より多くの日本の皆さまに伝わり、後世にも伝えられることを願って、筆を置きます。

卑弥呼元女王からのメッセージ

わたくしがひのもとのくにをたびだって
せんとしちひゃくしちじゅうねんの
さいげつがながれました
あきひとのみこのなるひとが
すめらみこととなる
めでたきひつぎのとしに
いとのくにのひめをしそとする
すじんのふぁみりぃひすとりぃの
ただしきふみがあらわされ
まことによろこばしくおもいます
よきとしに　よきふみよみて　いわいまい
（吉き年に　好き文読みて　祝い舞）

このうたをおくるとともに
このばをかりて
ひのもとのくにとたみの
へいあんをきねんします

平成31年1月吉日

ひみこ

著者

プロフィール

堀田はりい（ほった　はりい）

1952年福岡市生まれ。早稲田大学商学部卒。古代祭祀研究家。

1984年包出版設立。

民族音楽雑誌「包」（パオ）初代編集長。

1980年代半ば、取材を通して韓国の伝統芸能に出逢ったのをきっかけに日韓の古代史や伝統芸能の研究を始める。

日本の民俗学･古代史を民俗学者の谷川健一氏に、韓国の伝統芸能･古代史を日韓比較文化学者の金両基氏に学ぶ。沖ノ島の古代祭祀遺跡の研究を機に古代祭祀の研究に興味が及ぶ。

【著書】歴史小説「東遊伝～鷹王と八百万の神々」（梓書院）。学術書「神宿る沖ノ島～古代日本人が見えてくる」（右文書院）

【論文】「われは能の翁、生まれし地は六郷満山」（宇佐文学）。「卑弥呼は宇佐神宮に眠る」（宇佐文学）。

【電子書籍】童話「ショーンとエマ～ネコの、ふしぎふしぎな物語～」①②③（Monogatari Factory）

「はりいと猫サリー」のブログの管理人。

梅田紀代志（うめだ　きよし）

1940年京都府生まれ。

大阪のCM会社でアニメを手がけたのち、イラストレーターとして独立。少年雑誌の挿絵や図鑑の標本画から歴史画に転じる。主な著書に『「古事記」の世界』（小学館）、『日本仏教の開祖たち』（全5巻、PHP研究所）など。

日本の黎明《あけぼの》
古代天皇誕生記――こうして天皇の国は生まれた

2019年3月15日　第1刷発行

著　者　堀田はりい
画　梅田紀代志
発行者　三武義彦
発行所　株式会社右文書院
東京都千代田区神田駿河台1-5-6／郵便番号101-0062
Tel. 03-3292-0460　Fax. 03-3292-0424
http://www.yubun-shoin.co.jp
mail@yubun-shoin.co.jp
DTP　東京リスマチック株式会社
印刷・製本　株式会社 文化印刷

＊印刷・製本には万全の意を用いておりますが、万一、
落丁や乱丁などの不良本が出来いたしました折には、
送料弊社負担にてお取り替えさせていただきます。

ISBN978-4-8421-0803-2　C1021